世界 500 强
高效沟通方法与技巧

[日]微软技术中心负责人 泽圆 Madoka Sawa 著 王子玉 译

外資系エリートのシンプルな伝え方

ARCTIME 时代出版
时代出版传媒股份有限公司
北京时代华文书局

图书在版编目（CIP）数据

世界500强高效沟通方法与技巧 / (日) 泽圆著；王子玉译．
-- 北京：北京时代华文书局，2016.8
ISBN 978-7-5699-1121-3

Ⅰ．①世… Ⅱ．①泽… ②王… Ⅲ．①人际关系学 Ⅳ．① C912.11

中国版本图书馆 CIP 数据核字 (2016) 第 200091 号

北京市版权著作权合同登记号 字：01-2016-2925

世界500强高效沟通方法与技巧

Shijie 500 Qiang Gaoxiao Goutong Fangfa Yu Jiqiao

著　　者｜[日] 泽　圆
译　　者｜王子玉

出 版 人｜王训海
策划编辑｜胡俊生
责任编辑｜胡俊生　李唯靓
装帧设计｜程　慧　王艾迪
责任印制｜刘　银

出版发行｜北京时代华文书局 http://www.bjsdsj.com.cn
北京市东城区安定门外大街136号皇城国际大厦A座8楼
邮编：100011　电话：010-64267955　64267677
印　　刷｜北京京都六环印刷厂　010-89591957
（如发现印装质量问题，请与印刷厂联系调换）
开　　本｜710×1000mm　1/16
印　　张｜15
字　　数｜103千字
版　　次｜2017年4月第1版　　2017年4月第1次印刷
书　　号｜ISBN 978-7-5699-1121-3

定　　价｜40.00元

前　言

大家每天会跟多少人通信交流呢？

一般采用什么样的通信工具呢？

那么，你说的话又能传达给多少人呢？

现代社会离不开与他人的交流，随着网络的普及，在电脑世界中，人的距离感被消除了。

如今这个社会，通信工具泛滥。

智能手机、平板电脑、手提电脑等设备提供了LINE、Facebook、Skype等应用。

从前的时代完全没有通信工具，而如今不同，这个时代有太多的工具可以传达我们的所思所想。

通过网络，你可以很轻松地动动手指就可以向全世界的人发送信息。

即便这样，还是有种言而未尽的感觉。

这种感觉始终围绕在我们周围。

“为什么对方不明白我讲的话呢？”

“为什么对方不能理解我的心情呢？”

这样悲哀的经历你也应该有过吧？

“为什么他这样说呢？”

“为什么他会生气呢？”

像这样的情形应该有很多吧。

我就遇到过很多次，数都数不清了。

这到底是为什么呢？为什么会发生这样的事情呢？

我一直在思考，思考交流中遇到的这些问题。

为什么自己的意思不能准确地传达给对方？

虽然已经使用了IT这个超级工具，但仍然会引起分歧。

难道这就是生活在21世纪的我们面临的最大难题吗？

我深深地思考了这个问题，同时也亲身体验，尝试了各种各样的方式。

而且，我不是以学者的角度，而是从一个业务员的角度来分析的。

一路研究下来，我觉得这个问题非常有意义。

我供职于全球知名的IT企业日本微软。凭借这个工作机会，我有幸接触了不同职业、不同领域的人。

我的工作主要是向行政部门进行产品推介。

就是将一些有益的信息传达给决定企业以及组织发展方向的重要人物。

在这个位置，绝对不能说“我很努力，但是沟通效果不佳”之类的话，平均每年会有100多次推介演说的机会。

当然，内容以及产品的质量、各种实例都是非常重要的因素。

但是，其中最重要的一个因素，总觉得始终没有达到。

那就是“简单沟通”。

虽然采用适当的修饰语，并穿插灵活的句子，确实可以达到很好的效果，这也是一种常用的方法。

但是比这些更重要的，我觉得还是“简单明了”。

如果可以简单明了，重要的事情就会一目了然；

如果可以简单明了，所有人都会立刻注意到；

如果可以简单明了，就可以顺利地与人沟通；

如果可以简单明了，很多人都能够明白。

可是怎样做才算简单明了呢？

怎样做才能够将最想表达的意思传达出去呢？

那么，我将用这本书，深入地研究一下这个主题。

总体来说，我对日本人还是比较了解的，我觉得日本的商人在通信方面还是吃过很多苦头的。

这是我在世界知名企业中工作了17年得出的结论。

在日本，用同一种语言几乎就可以跟全国的人民沟通，大家的文化教养、价值观基本相同，作为世界先进国家，我们这样的民族是很少见的（即使在美国国内，用英语交流的人也达不到90%）。

因此，在世界竞争中难免会掉队。

不管怎么说，对方不是来自跟我们价值观完全不同的多民族国家，就是来自拥有广阔领土和多样文化的超级大国。

而且，其他的欧美国家也很强势，还有一些逐渐兴起的亚洲国家也不可轻视，在这里我也就不多列举了。

我认为只要不断地磨炼提高自己的沟通能力，也就是“传达能力”，就会出现很多优秀的商业精英。

讲话的方式可以改变结果。

语言的选择也可以改变命运。

如果能够帮助你迈出这第一步，也就达到了我写这本书的目的。

如果能够提高沟通能力，那么你未来的路也会越走越宽。

为了光明的未来，勇敢地迈出这第一步吧！

泽圆

目录

丨第一章丨对苦于沟通之道者的五点建议

| 第四章 | 吸引人看下去并接受的交谈技巧

第一章

对苦于沟通之道者的五点建议

01 从发现自身的价值开始

■不要总是埋怨“讲话技巧”或者埋怨“对方”

“总是不能很好地向对方传达意思。”

“不擅长跟人讲话。”

抱有这种沟通烦恼的人，大多问题是出在认为自己欠缺沟通技巧或者是抱怨“对方”难沟通上。

总是觉得“我自己的说话声音太小了”，“这个客人比较喜欢对手公司的人”等等。

但是，其实这都不是真正的原因。

沟通的主体是你“自己”，也就是说，你才是交流的

“中心”，所以最大的原因其实就是你对自身的了解不足。

我可以对照我自己的经历来谈一谈。

我刚进公司的时候，是做日本人身保险公司IT分公司的程序员。

当时，“文科SE”这个词才刚刚出现，文科（经济学科）出身的我，竟然被雇佣为SE。

那个时候，还没有人用手提电脑，连手机也还没有普及。

在如今这个时代已经普及的IT产品，在当时只是特别的商品，仅仅是获取信息的工具。

而我当时完全是个门外汉。对我来说，这些都是非常珍贵的经历，有很多我完全不懂的IT术语，像“处理方式”、“编程”、“通信规程”、“图像”等等，突然一下子充斥了我的大脑，令我很恐慌。

于是，我就想向周围的人请教，但是到底要从何问起却毫无头绪，非常狼狈。

在我身边有很多计算机相关专业学校毕业的和理科系出身的人，从开始就比我强很多。

后来我明白了，我不太擅长工程师的思考方式，这对我来说确实有点辛苦。（关于这一点，我会在后面的章节中详细地介绍）

工作5年后，我在技术方面还是落后同事一大截。

充其量就是个三流的工程师。

但是，在这样的社会生活中，我却发现了一件事情，那就是："我讲的话很容易被理解"。

其原因有两个。一个是我自己不懂，所以就下功夫去了解了IT相关知识。

另外一个就是，我很擅长跟别人谈话和交流。

于是，结合了这两方面的原因，我就成了"最会沟通的工程师"。

"虽然我不是一流的工程师，可我却成了最会沟通的工程师”，就这样，我进入了微软公司成为了一名IT技术顾问。

我非常清楚，在微软公司有很多特别优秀的工程师，而我这种三脚猫的功夫，在技术层面上肯定是拼不过其他人的。

但是，与人沟通的能力却让我收获了更大的成就。

■常常问问自己是谁

我的求职经历并没有像书上描述的那般一帆风顺，什么海外大学MBA毕业呀，作为海归可以流利地讲三国语言呀，还常常被外资企业猎头争抢啊之类的。

其实，那是在工作过程中一点一滴积累，最后自己悟出来的结果。

我常常问自己这样的问题，“我到底是怎样的人？”

“周围的人怎么看我？”

“我擅长做什么？不擅长做什么？”

“我想要成为什么样的人？”

我不断地在思索，要怎样做才能不让别人误解，才能不给别人带来不愉快，并将自己的真实意思准确地传达给对方。

所以，“透彻地了解了自己”，就可以找到让对方明白我们真实意思的具体方法。

也就是说，这样你就可以在交流中少犯错误，成为“交流达人”。

■对自己的了解不能太马虎

不管怎么说，了解自己还是很费工夫的。

常常有人说：“啊，差不多就可以了”，然后就草草对自己下了判断。这样真的可以吗？

这样真的不行。

别人眼中的自己和自己眼中的自己还是有差别的，自己是察觉不到的。

那么，在交流中就会产生偏差，比如“没有如愿地跟对方沟通好”，“不能很好地表达意思”。

所以，如果想提高自己表达能力的话，首先就要清楚地了解自己。为了发现真正的自己，也可以采用自我检讨的方式。

不了解自己的话，即便去语言教室纠正手势动作等，也不能从根本上解决问题。

■自我检讨时应该采取“主观+客观×2”

自我检讨包括下面三个方法：

①自我分析

②多听取别人的意见

③利用各种工具

也就是说，要采用“主观”“客观”+“客观”的方式进行。可以3个条件一起使用，也可以随意组合使用。

① 用思维地图来进行自我分析

这种方法就是利用“自己眼中的自己”这种主观的角度来进行自我检讨。

这是商业活动中的基本工具，事实上也非常好用。与其含糊不清地自我评价，不如使用“思维地图”等工具，来提高大脑的活力。

接下来我要介绍一下使用思维地图的图例，首先将“自己”放入思维地图的中心，从这个中心处画出几根放射线似的枝干，用语言将图像和概念一个一个地表达出来。

重点强调的地方可以画得大一点，甚至可以标注显眼的颜色。

根据标注的强弱，就可以很清楚地看出自己的经验、能力、兴趣以及倾向等。

Madoka Sawa（泽圆）的“思维地图”的一部分

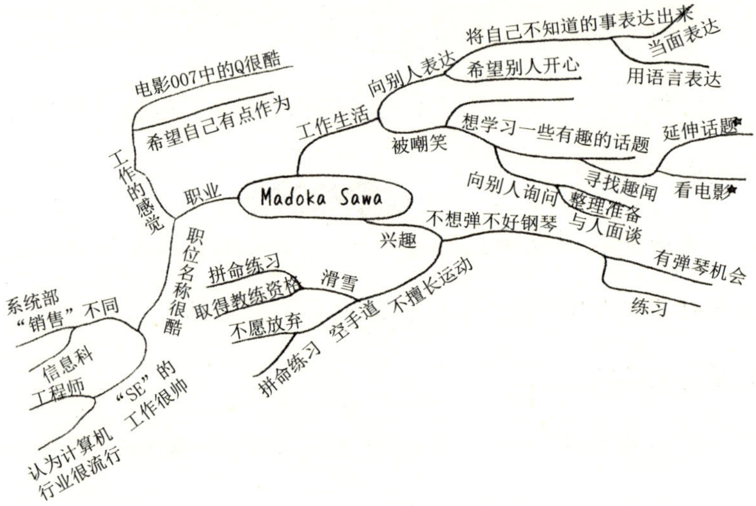

② 听取别人的意见

想知道别人眼中的自己是什么样子的，最好的方法就是多听听周围的人对自己的评价。你可以问问家人、朋友、同事、上司以及下属等等。

比如，你可以问问之前工作单位的上司之类的人，因为已经没有了利害关系，所以他们可能会畅所欲言。

在询问对方的时候也是有技巧的，尽量提出很容易回答的问题。如果你随便地问“你觉得我怎么样啊？”之类的问题，对方可能不好回答。

比如说，你可以这样问：“如果我和你一起漂流到了一个无人岛，你希望我能帮你做什么呢？”要举些这样的例子来问会比较好回答。

那么，对方可能就回答你“既然迷路了，又离不开那个地方，自然是希望你能够帮我生堆火了”（看来是个马大哈），这样对方就可以比较直接地回答了。

Madoka Sawa（泽圆）的“周哈里之窗”

>喜欢健身 >社交型 >爱妻型 >不擅长计算 **别人和自己都了解的自己** 开放之窗	>看起来不像上班族 >存在感弱 >看起来像外国人 盲点之窗 **自己不了解但别人了解的自己**
自己了解但别人不了解的自己 秘密之窗 >喜欢弹钢琴 >喜欢关西方语言 >没有运动细胞 >性子急	未知之窗 **别人和自己都不了解的自己** >不想做工程师 >更喜欢精神层面的

*在这个图表里，记录了使用诊断类工具了解到的情况。

我将大家的回答整理了一个表格，做成了“周哈里之窗”（请参考上图）。

“周哈里之窗”的原本使用方法虽然不是这样的，但如此整理出来更容易明白。

③ 用各种工具

还有一种了解自己的方法就是利用诊断工具。

利用这些工具难免要花费很多钱，很多的企业有采用，另外一些讲解使用方法的书籍也变得很畅销，你可以试试看。

在这里我介绍两个工具给你。

首先第一个就是“哈曼头脑偏重度调查”。这是按照担任美国通用电气公司（GE）社员培训讲师的奈特哈曼创造的“哈曼模型理论”，来调查人脑的使用情况的一种诊断工具。

简单地说，就像人有好使的手一样，人也有好使的脑子，所以这种诊断就是研究每个人的思考特征，以及擅长和不擅长的领域。

了解了自己脑子的使用特征后，对积累经验和实现自我会有很大的帮助。

我将我的诊断结果做了个简单的图，不难看出我的大脑使用情况还是很偏重某些方面的。

Madoka Sawa（泽圆）的“哈曼头脑偏重度”

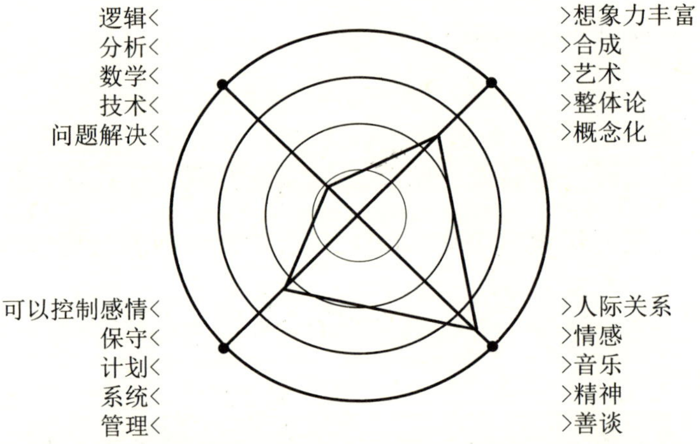

这个结果倒是不分好坏，只是可以了解“脑子的使用偏好”。

从我的结果图来看，我偏重于人际关系、情感、音乐、精神、言谈等方面。所以，我在这些方面会比较强，也因此从事了现在的工作。

而我曾经做过的程序员的工作，就比较适合偏重“逻辑、分析、数学和技术”方面的人，所以我当时做得很吃力。

给你介绍的第二个工具是“实力搜索器”。

这是一种可以掌握“个人强项（资质）”的诊断工具，是美国市场调查公司通过心理学开发出来的诊断方法。

通过177个问题的回答，从34个强项（包括求知欲、共鸣性、竞争性、规律性、沟通交流、社交性、慎重性、战略性、目标志向等）中，可以诊断出你的最强项（有5个）。（我的诊断结果显示的强项是“战略性”、“求成欲”、“沟通交流”、“构思”、“向上志向”）

使用这种工具的时候，有几种方法，目前有一本叫做《来吧，开启你的才能》（日本经济报纸出版）的书，书中随附了一个ID号码，可以通过网络登录其专用网址进行诊断，非常地方便。

但是，有一点请注意，如果你没怎么用我这里介绍的诊断方法，就断言“没什么用的话”，那你就没有试的必要了。

如果你“在了解了自己的特性之后，可以找到前进的方向”的话，就是我最愿意看到的结果了。

02 扬长避短

■尽力发挥自己的强项

我作为营业员其实有三个致命的缺点。

*我不擅长数字、计算和分析

*我记不住客人的脸

*我记不住路

这样看来，我作为营业员是有致命缺点的。

但是，最后我又能依靠自己的强项将这三个缺点弥补，并获得了不可动摇的地位。

那么我是怎样做到的呢，我是先将自己不擅长的方面事先告诉给周围的人。就像下面列举的这样，大家在接下来的工作中也就不会埋怨了。

*让营业部门以外的人，带我去见客户

*我只做最高的推介案

*如果自己的推介案通过了的话，那么后面的数字计算就拜托给其他的人

将自己的强项（制作最高推介案）发挥到极致，不擅长的方面拜托给别人，周围的人都会很好地协助。

但是有很多人并不愿意暴露自己的短处。为什么呢，因为他们怕暴露短处后，会丧失自信并自我嫌弃。

当然曾经的我也不断地问自己，“为什么这么基本的东西我都搞不懂呢？（如果可以我也想改进，直到现在我也这么想）”。但是，不能因为自己不擅长某些领域就否定自己。

所以说，即使你不擅长某些领域，但只要你对其他的人有可用之处（强项），那么你就没必要将精力浪费在这些不擅长的方面上，也就是说与其将不擅长的能力勉强拉到一个普通的程度，还不如再进一步修炼强项，这样效果更好。

举个例子，美国的职业男篮（NBA）中，有号称“得分王”的“一号明星选手”，也有罚球都投不太好的选手，而且这样的选手还不少。

但是球迷们一点也不介意。而且他们基本都这么说：“哎呀，这也不是什么大问题啦。”

相反，“如果太过于练习罚球的话，就不能在灌篮中百发百中了。”这才是大问题呢。

由此可见，都是一样的道理，要分清主次。

■思考自己的哪些强项是别人需要的

在思考“自己有何强项”的时候，最关键的还是要想想自己能给别人带来什么贡献。不能自命不凡、自以为是。可以说“强项是要他人肯定的”。

为什么呢，因为在商业活动中所说的“有没有价值”，是说“对他人是否有贡献”“是否有取得成果”，这些一眼就能看出来的东西。

比如说，如果有个经理他会画画，还擅长设计。但是，无论他的画功有多棒，如果对经理的工作毫无用处，那也就只能是兴趣了。

那么，如果他应用设计能力，在经营方面做出优秀的结算书的话，那对于这个人来说，这项设计技能就是他的强项。

首先要了解自己的真正价值。

那么，如果这些价值可以帮助到他人的话，那就再精进这些本领，以期达到更高的成果。

然后，提高自己的评价。

在这个过程中，不断地精进自己的强项，让它成为自己的武器。

当意识到这些后，我们会惊喜地发现，生活中的琐事已经不会太影响我们了。

不会再抱怨工作的无聊，不会担心在公司内的地位高低，可以充实地生活，实现自己的人生目标。

所以为了提高“沟通能力”，请一定要先了解自己的强项。

■尽量用简短的语言表达做事的理由

职业棒球选手一郎很讨厌别人称他为“天才”。

因为他说："我自己非常了解是怎样打出安全打的。"如果打出200个安全打，那么他就有200个这样击打的理由。

从他的话可以听出，一郎并不是毫无目的地击打，他研究未击中的原因，并不断地揣摩怎样提高击打率。

一郎的话也成了我们今天提高技能时的一个提示。

也就是说，一郎可以自己解释打出安全打的理由。

能够用语言来解释的话，就是很理论性的东西了，就可以教别人怎么来打了吧（但是，不排除有些人身体素质不行）。

■尝试教导自己

如果你想真正地理解某些东西，或者想提高自己的时候，最简单的方法就是"教人"。

例如：运动。

在教人的时候，如果只是说"没关系，试试就可以了！”这样肯定不行的。

如果不讲清楚身体的局部运动状态、运动的时机以及运动的力道的话，对方是很难理解的。为了可以清楚明白地向对方传达，就必须整理好要讲的语言。

而且，教人的时候就会自然而然地产生一种责任感。

首先教授的内容不可错误，不能有含糊不清的地方，所以教授者自己要百分百地明白。

当要教授别人东西的时候，就会发现有很多要做的事情。

所以，自己本身也会有很大的提高。

实际上，我提高沟通技巧的方式就是教人。

但是，我教授的不是别人，而是我自己。

我还是个三流工程师的时候，并没有受过这样的训练，所以对于系统行业的常识性东西理解不了。真的，一定也不通。所以，我下定决心，一定要从头好好学起。

当时我采用的方法就是，如果遇到不懂的地方就分解开来，再将分解的部分一一解决，直到弄懂。

打个比方，这就像大人一口就可以吃下的一片鸡肉，如果给小婴儿吃的话，就需要费些功夫搅成糊。

这个过程是非常辛苦的。

虽然这样不容易，但是在仔细认真地教授学生（自己）的过程中，我自己也掌握了这些讲解的技能，后来发现这些竟然成了我的强项。所以，还真是误打误撞。

实际上，在教导别人的时候，总会思考“要怎样讲解对方才会理解呢？”，如此这般，反倒提高了我们自己的技能。

03 站在第三者的位置考虑事情

■从“第三者的角度思考”可以提高沟通的成功率

我们在讲话的时候，会存在讲话者（①自己）和倾听者（②对方）。交流沟通的时候，这是两个必然存在的因素。

一般我们会认为从倾听者（②对方）的角度讲话会比较容易沟通。也就是说“站在对方的立场上讲话。”

当然，用对方的角度讲话是很好的方法。但是，若想提高沟通的成功率的话，这还远远不够。需要再进一步地发现不同的角度。

那么这就需要导入“第三者的角度”。

除了自己和对方外，假设一个第三者（登场人物），用这个局外人的思考方式来进行想象。

假设你是个数据库的技术员，你要向顾客推销新的数据库。而这个窗口的负责人刚好是个很擅长相关系统知识的人。

那么，你在向他介绍商品特点的时候，可以暂时想象有个“不懂相关系统知识的年长的营业部长”也在旁边。

而这个人就是“第三者”。

如果将对窗口负责人的推销话语，同样对这个假设的营业部长讲出来的话，会有什么效果呢？

不难想象，肯定沟通不了。

但如果，“能够将系统的专业术语换成大家都能够明白的语言，并描述一下这个产品在经营方面的有利之处的话”，就可以改变难理解的状态了。

例如，可以将“内存数据库的销售内容”（如下图）更具体化。

只注意第二者（对方）的说法

内存OLTP处理器，在最佳存储记忆空间中添加了桌面和索引，在进行存储事务处理的时候，速度非常快。

↓

增加第三者（假设的营业部长）的说法

内存OLTP处理器是一项非常优秀的革新技术，它可以实现大量数据的快速处理。这样，就可以缩短处理时间，减少支出成本，进而提高商务速度。

前者和后者的差异非常明显。

后者的说法，即使是对IT相关知识不了解的人，也能很快明白意思，“就是即便不知道技术名称，也能够明白新的数据库有哪些改进的业务。”

虽然“这里假设的第三者是个虚构的人物”，但实际上在商务场合中，窗口负责人的背后一定有一个控制决策的人存在。

所以，推销者的最终目标并不是那个负责人，而是他之上“点头”的决策者。

那么，应该控制负责人向决策者转达时的说法。

所谓的传话高手，不是单从自己的角度看问题，而是会假设出第三者来讲话的人。也就是说，他可以从“第三者的角度”来表达。

例如，“当你向（眼前人）A这样表达后，再通过A转达给B后，B有可能会误解，所以，采用这种第三者的表达方式应该可以减少这种麻烦吧。”

这种第三者角度，关注的不只是眼前的这个人，更重要是控制躲在背后的那个重要的决策者。

■简单地表达“奇思妙想”

“第三者”纯粹是假想的人物，所以你尽可以自由地联想。

我将这种自由地挑选“第三者”的做法称为“奇思妙想”。

就像前面的例子一样，可以假设一个躲在对方背后的起控制作用的上司，也可以想象是公司内部难搞的部长，或者也可以是在不同行业工作的朋友。当然，也可以根据场合，假设是住在附近的一个认识的小学生。

“这样讲的话，那个部长会怎么想呢？”

“这样讲的话，不同行业的朋友会有兴趣吗？”

“这样讲的话，旁边住的小孩子能明白吗？”

首先可以随意地想象。

其实在现实生活中，围绕在你周围的人，价值观未必都相同。虽然你讲的话是一样的，但是每个人的感受程度却不一样。

所以，需要反复地联想，从不同立场的人的角度，多方面地考虑。

平时多吸取“第三者的观点”，自然而然地，自己讲话的内容就会被对方接受。

究其原因，就是因为思考这件事其实主观占的比重比较大，如果有意识地添加“第三者观点”，就会增加思考的客观性。

所以，平时多使用简单易懂的话，多使用简单的表达方式，沟通能力自然而然就提高了。

04 将应该做的事情简化为“只能这样做”

■直接突出本质

引领日产汽车复活的卡洛斯·戈恩，是一位非常优秀的经营者，他的实际战绩也是大家有目共睹的。

很多家媒体都对他的经营手腕做过报道，最吸引我的地方就是他“清楚明确地制定目标”这一手法。

他被誉为“简单化的名人”，因为他最大的优点就是简单直接地突出本质。

例如，在2002年的时候，他提出了一个“日产180”的中期计划目标。

180的“1”代表“增加100万台的汽车出厂数量”，“8”代表“将综合营业额利润率达到8%”，“0”代表“实现零负债。”

这个“180”实际上对于日产公司来说是非常有意义的一组数字，所以一下子就抓住了公司员工们的心理。为什么呢？因为日产“180SX”正是该公司一直以来销售量最高的酷派车。因为这个关联，所以产生了非常好的效果。

实际上，要达到“增加100万台出厂汽车”“8%的利润率”“零负债”这一目标，是非常不容易的。必须封锁工厂，调整结构，进行严厉的改革等。

但是，虽然这个目标难度极高，戈恩却真的做到了。

“为了实现日产180这个目标，大家首先想到的就是封锁工厂。那么其他的方法呢？”

“……”

一旦将应该做的事情简单化了，所有人都会毫无异议地说“是”。

“日产180”这个简单明了的目标一旦定下来，无论个人有什么意见，也会暂时放下，朝着180这个目标猛冲，因为必须这么做，也只能这么做。

他有一句口头禅这样说：“外行常常把事情复杂化，而内行总会将事情简单化。”

只要目标更加简单具体，多少项目都是可以达成的，这句话真正道出了他的心声。

■避免多余的添加

将事情弄复杂了，会带来什么样的后果呢？

在解释这个情况之前，我有一个问题，请大家思考一下。

一家拥有100名员工的公司，制定了一项规则。

但是因为社长有特殊要求，所以又专门给社长额外增加了一项规则。

但是，在实行这项新规则的时候，跟之前相比又会增加多少劳动成本呢？

你会怎么想呢？

假设未追加新规则的时候所需的劳动成本是“100”的话，那么追加后的劳动成本是“100+1”吗？

错误！

实际上，实施新规则后的劳动成本是之前的两倍，变成了“200”。

虽然只增加了一项规则，但无形中却变成了两倍，也就是说，实施成本变成了两倍。

举个具体的例子，假如“所有的员工都是早上9点上班，而社长却是10点才上班。”

每天早上9点，奶商会为这家公司的每个员工配送牛奶。

但是，“社长10点上班”却打破了这个惯例。

因为奶商会担心牛奶变质，所以就会9点送一次，10点再送一次。

那么这样奶商就需要开车送两次，消耗两次的汽油，配送的时间也增加了两倍，所以，所用的劳动成本就增加了两倍。那么，奶商自然而然就会要求增加配送费用。

没错，劳动成本全部增加了两倍。

实际上，这样的事情在生意场上经常发生。因为不注意，就会疏忽掉。

如果允许了例外，就是将事情复杂化了，就会造成成本的浪费，进而导致不好的结果。

所以，就像刚才提到的戈恩手法，将事情简单化就可以将没必要的障碍排除。

那么，刚才话题中的情况，就应该恢复之前的规则。

“社长请您也9点上班吧。”

“这个嘛……”

“但是社长，您愿意就这样增加两倍的成本吗？”

“两倍啊，还真不少。好的，我知道了，取消例外。”

请仔细地想一想。

将事情简单化后，是不是就突出了本来的目的呢？

那么，障碍就会被排除，事情成功的速度也会提高。这一切都是“简单化”的威力。

05 选择通俗易懂的语言

■避免“让对方猜测的语言”

跟之前讲到的以“简单化”做武器的戈恩正好相反的就是日本人。

很可惜，大多数的日本人都不擅长将事情简单化。

其实大家使用同一种语言就能够轻松地彼此相通，这是非常方便的事情。但是，纵观整个世界，“通过电视播报普通话新闻的时候，所有人都能听懂的”国家竟然没有。

在日本，大家使用同一种语言（普通话），彼此很容易理解，所以即使在讲话中省掉一部分，大致的意思也可以相通。在日本全国各地，生活方式基本都是一样的。于是大家就理所当然地认为“我们的价值观就是相同的”。

所以，自然而然地就认为“心照不宣”啦，“可以猜出我的意思”啦，“可以明白我未说出的话”啦。大家轻易地就将球抛给了对方，还理所当然地希望对方自己搞清楚。

大家喜欢将这样的做法归结为日本的“ わび・さび”（闲・寂，日本人的一种美意识）的美意识，这样真的好吗？

我也懂些茶道，在茶道中这种境界作为一种文化被大家喜爱，于是就作为日本人的一个情结被传承了下来。

但是，这在世界生意场上是完全行不通的。大家来自不同的国家和地区，拥有着不同的价值观，如果就这样“抛个球”过去，是很难继续交流下去的。

如果令对方产生了误解，那么交流就很难进行下去了。自己好好准备一番“对所有人适用的沟通语言”，必须清楚地传达给对方才行。

这就像戈恩说的，一定要将事情简单化，必须用语言清楚地表达出来。

■多使用“体言结句法”

日语是令翻译引擎以及翻译软件最最头疼的一种语言。

汉语虽然看起来也很难，但是“中英互译”的翻译精准度却很高。据调查，从翻译系统的处理能力来看，处理日语所花费的功夫是汉语的17倍。

究其原因，是因为日语文字包括了“平假名”“片假名”以及“汉字”。在表达中，还会根据喜好添加“标点符号”，而且还要考虑敬语的表达。在整个世界中，日语也是公认的难度极高的一种语言。所以书店里，以“文章的写作方法”为主题的书在不断地增加。

日语这种特别的表达方式太富于变化性，那么在与“更广阔，更多样的人群沟通交流”的时候，这种多变的表达方式就成了多余的存在。

当听者很多的时候，如果不能简单直接地表达，是会误导对方的。

所以，在用语言表达时，要注意以下三点：

④ 划分条目，尽量精简语言

⑤ 直截了当，直达本质

⑥ 吸取“第三者观点”

采用第①条和第②条的方法，若再能够去掉多余的修饰语以及“です・ます”（日语句子的结尾，相当于“是”）等后缀的话，就可以达到简练的目的了。而且，请尽量使用“体言结句法”。

第③条就是本章前部分提到的“第三者观点”（请参

照本书第25页），就是要达到任何人都可以听懂的地步。

城市里的业务员能听懂吗？

小学生能听懂吗？

住在乡下的奶奶能听懂吗？

当然，不同年龄和不同价值观的人，反应也会有些差异。

但是，我们只需要确认对方是否“可以听懂”这一点就可以了。

■换成英语考虑看看

在用语言表达的时候，还有一种方法就是“转换成英语”。这里说的英语能达到中学生水平就可以了。

例如，跟重要的客户吃过饭后，我们一般会说“笔墨言语都难以表达我此刻的心情，在这么美的夜景中，享受了这么一顿美食，真的非常感谢。”如果将这句话转换成英语，就变成了“Great night view and great dinner, thank you .”

刚刚那么长的一句话，换成英语就变成这样了。

实际上，刚刚那句话我们要表达的中心就是“夜景很美，晚餐很好吃，非常感谢”这三点，即使没有描述“笔墨言语都难以表达我此刻的心情”，也没关系。但是，如果要细究的话，“笔墨就是pen，言语就是tongue，”，那不就脱离了本质吗？这样的话，最重要的话语“感谢”可能会被遗漏。

为了要突出感谢之意，才说了“笔墨言语都难以表达我此刻的心情”这样的话，但是这里却本末倒置了。本质完全被遗漏掉了。

从日语向英语翻译的过程中，很容易就丢了本质（就是必须要讲的话）。

如果不能很好地翻译，那就等于丢掉了本质。

与此相同，如果自己要表达的话不能很好地讲出来的话，就有可能抓不住本质。与其烦恼表达方式和词语运用得不好，不如好好想想你要表达的本质在哪里。

第二章

能打动领导的邮件编写技巧

01 电子邮件的作用正在发生着变化

■成为打破“时间”“距离”“语言”障碍的工具

我刚入社会的时候，虽然电子邮件已经存在了，但在生意场上并不普及。当时，谁也不会想到有一天“它会取代电话和传真”。

但是，电子邮件这种工具并不是电话等常用沟通工具的替代品，而是完全颠覆了生意场上的“挑战三要素”。

这“生意场上的挑战三要素”是我概括的，就是指在各个领域的商业活动中影响结果的三大障碍——“时间”“距离”“语言”。

比如说制造业，为了消减成本，大多会在离日本很远的劳动力便宜的国家设立工厂，进行加工制造。那么就会出现这样的障碍，不能立刻往返（距离），有十几个小时的时差（时间），跟当地人无法沟通（语言）。

“这三个障碍，可以全部消除吗？”

于是就出现了电子邮件，有了它之后，电话以及当面不能解决的事情全都轻松搞定了，完全消除了“挑战三要素”这个障碍。

通过电子邮件，可以随时随地联系，不再为距离和时差而烦恼，而且，通过使用翻译引擎或者翻译软件，更解决了语言不通的麻烦。

只是，目前商业的速度越来越快，仅仅靠电子邮件已经有些吃力了。

■正在向“大容量的通信工具”转变

然而，比较过去和现在，最大的不同就是电子邮件使用的通信环境在不断地变化。

现在使用的机器以及通信环境已经比10年前的容量大太多了。

所以，一封电子邮件所传送的信息量早已大幅度增加，也不再像以前那么在意附件的大小了。

代替了电话和传真来收发信息的电子邮件，现在完全成了传递资料的工具。

■正在加强对信息泄露风险的管理

在用电子邮件发送资料的时候，虽然大大提高了便利性，但相反也存在着高风险。

比如：电子邮件的错误发送。

如果将要发给A公司的文件一不小心发给了对手的B公

司那就糟糕了。一旦发送就不能撤回，这种情况也是时有发生的。

而且，从安全方面来看，PDF文件也是很容易感染病毒的。

以前，格式太大的PDF文件是没办法在个人间频繁地收发的。但是，如今通过智能手机就能够阅览，不用再考虑OS，可以很轻松地收发。

目前，根据经济产业部的“目标型网络攻击的事例分析和对策报告”（信息处理推进机构，2012年）显示，超半数以上的病毒感染报告都是Adobe Reader的脆弱性造成的，很多都是PDF文件被插入了病毒。

例如，陌生人发了一封名为“会议记录附件”的电子邮件给你，一旦你打开了添附的“会议记录.pdf”就会被感染病毒，只是当时你可能发现不了。

实际上这时病毒已侵入，之后会在你不注意的时候，将你的重要信息通过网络传出。

这样的感染案例平时非常多。所以在经常收发信息的现在，不深入了解一点电邮知识还真是不行的。

但是，现在基本上都是电子邮件担当了“收发资料”的工作，那么就有可能也连带着让收信方承担大量的信息泄露的风险，所以必须要注意。

电子邮件本身就是“需要高度IT专业能力的工具”，所以首先就应该好好地了解相关知识。

02 不仅要“被读”，还要让对方“理解，并有所行动”

■清晰地表达你希望对方做到的事情

因为这是需要高度专业能力的邮件，所以表达方式的简单化就变得非常重要。

首先，邮件的目的一般可以归纳为三大类，分别是：

① 说明事实状况

② 希望对方理解同意

③ 拜托对方

① 说明事实状况

就是报告进展情况，分享获得的信息，这是一封向对方传达自己所掌握的信息的邮件。

② 希望对方理解同意

就是一封需要对方同意或者许可的邮件。跟对方说“这样做，你看可以吗？”，希望对方做出“行”或者“不行”的一种邮件。

③ 拜托对方

就是请求对方为自己做某件事的邮件，比如：“请给我打电话”“请跟我见一面吧”“请准备××资料给我”之类的。

在发邮件的时候，要清楚自己打算发的邮件属于哪种类型。

现在，你要发送的邮件属于哪种类型呢?

1. 说明事实状况

→ 对方 阅读即可

2. 希望对方理解同意

→ 对方 必须回复

3. 拜托对方

→ 对方 必须行动

所以，清楚明白地向对方表达是非常重要的。

“对方读了就可以吗？”

“对方必须回复吗？”

“对方必须采取行动吗？”

只有清楚地告诉对方你的要求，对方才懂得怎么做。

回复得越快，对自己也越有帮助。

所以，邮件的简单易懂对双方都是有很大的益处。

■邮件名一定要具体

最起码也要保证邮件名也就是标题的简单易懂。

邮件名：承蒙您照顾。

邮件名：好久不见。

上述两个邮件名是我见过最糟糕的例子。

这个时代，每天有上百封的商务邮件待接收。

如果看了邮件名很难猜测邮件内容的话，对方的回复可能就会延迟，甚至可能连看都没看。

所以，邮件名一定要清楚明了，一看即知，表达一定要简洁。

如果再添加“协商”“报告”“请求”“FYI*”等提示词的话，就更容易突出邮件的主旨了。如果是重要的邮件，也可以加上“重要”“紧急”等提示词，那么效果就更明显了。

*For Your Information（英文补充请参考）。

邮件名：【协商】A公司推介演说（7月5日）的人员保证事项
邮件名：【重要】第三次B公司会议　时间&会场变更事项

像这样写的话，很容易就知道邮件的内容了。

■通过标点符号和换行来简短长句子

添加标点符号的最佳位置就是在“但是”、“那么”、“而且”等连接词的后面。这样一添加，就能够简短长句子了。

有些人很热心，总爱添加很多的标点符号，其实这样会产生反效果的。

这样就会形成断断续续的文章，读起来就会很难理解。

而且，如果同一封邮件中，有报告的事情也有拜托的事情的话，就在换话题的地方进行换行，或者再空一行，会比较清楚。

比如“以上是报告的内容。接下来是拜托回复的事情”，这样做的话视觉上就会很容易明白。

■避免重复使用同一个词语

“前几天我拜访贵公司的时候，曾经提到了新产品ABC系统的说明会，所以我今天特意再联系一次。”

这句话虽然说得很客气，但是却很难理解（请参考60页的图A）。在这句话里，虽然特意使用敬语来加强语气，但是无形中却拉长了句子，变得难理解了。

与此相同，还有“的”的添加，造成多次重复而变得难以理解的情况。

“下周的，周一，或者周三的下午，您有时间吗？”

这句话里，“下午”是修饰哪一天的呢？有点难理解。

是说“周一”和“周三的下午”吗？

还是说“周一的下午”和“周三的下午”呢？

单凭这句话来看，是很难判断的。

绝对不能因为自己所发邮件意思不清，给对方添加没必要的麻烦。特别是匆忙中写的邮件，一定要避免这样重复的表达。

■使用显眼的符号提高邮件的可见度

难理解的句子如果会使用符号的话也会变得容易理

解。

那么让我们来看看刚刚提到的那句话。

“下周一或者周三的下午您有空吗？”

↓

下述两个时间您哪个方便?
· 7月1日（周一）AM
· 7月3日（周三）PM

像这样，增加换行，并在行首添加“•”符号分条书写，感觉就完全变了。看到邮件的瞬间，马上就清楚可选日期和时间了。（请参照下页图B）

这封邮件的目的是确认拜访日期，最想传达给对方的就是可选日期，如此写就一目了然了。

A NG!邮件

邮件名：承蒙关照

ABC商务　铃木先生：
您好！承蒙关照不胜感谢。我是微软公司的小泽。
前几天拜访贵公司的时候，我曾提到了新产品“ABC系统”的说明会，所以今天特意再次联系。
下周的周一上午或者周三下午您有空吗？
我和讲解员田中、助理山田将去拜访。
麻烦您提前安排会议室并准备放映机。
那么，期待您的回复。

B OK! 邮件

邮件名：“ABC系统”说明会事宜

ABC商务　铃木先生：
您好！我是微软公司的小泽。

前几天，拜访贵公司时曾提到过下述这个会议。
“ABC系统”说明会
下述两个时间您哪个方便？我们将去拜访。
•7月1日（周一）AM
•7月3日（周三）PM

我方拜访者为下述两人以及我本人共3人。
田中（讲解员：负责讲解）
山田（助理）
小泽
*麻烦您提前安排会议室并准备放映机。

那么，期待您的回复。

像这种确认时间的邮件，绝对不能使用“下周”“下周末”“明后天”之类的表达。

因为对方不一定会在当日读到邮件。

而且，即便是看了邮件的发送时间，也不能马上反应出来“明后天”是几月几号。虽然可以推算出来，但无形中就会给对方添很多的麻烦，所以请避免这样的表达。

下面这个就是使用括号分条叙述的例子，这样表达就会一目了然。

↓

我方拜访者为下述两人以及我本人共3人。 田中（讲解员：负责讲解） 山田（助理） 小泽

职位名称和部门名称一般都很长，如果直接写出来会比较复杂，不容易看，所以用括号的形式表达出来也不失

为一种好方法。

■标注“对方可获得的益处”

多替收信方考虑。

我想有很多时候，对方在看一些请求的邮件时，乍一看，“哇，好麻烦！后头再看吧！”于是就耽搁了邮件的回复。这是因为这封邮件让人没有读下去的兴趣。

所以，发一封“能够立刻就吸引对方”的邮件是很重要的。

那么这个秘诀就是，在邮件中标注对方可获得的“益处”。

举个例子，比如在公司里，营业部拜托技术部：“请马上安排一个工程师带我去见客户”。

如果在邮件里这样写：“非常紧急！请马上安排一个工程师给我，帮帮忙，拜托了！”

那么，对方就会想：

“你是想找哪个领域强的工程师呢？”

“客户是哪个公司的呢？”

“发生什么麻烦了吗？”

“是要找形象好的呢？还是要找技术好的呢？”

如此一来，就不能马上给你安排了。

如果技术部像下面这样发邮件的话，会怎么样呢？

> 请马上安排一位可以跟我去跟A公司进行商谈的工程师。
> 这个客户我已经跟了半年了，是一个1亿3000万日元的核心系统的单子，还差一步就成功了，而且对方的态度也很积极。
> 客户对我们的技术细节已经接受，就是还需要最后考察一下我们公司整体的技术能力。
> 借这次机会，我想向客户展示一下我们技术部的优秀人员。

这个项目如果能够顺利谈成的话，各位工程师的功劳也是会被记录下来的。

如此一来，一定会安排最优秀的工程师对应吧。

如果随随便便地发邮件，被委托方就会想："先问一下不清楚的地方，暂且答应，然后再了解具体情况吧。"

但是，其实被委托方并不太了解全部情况，所以心里会感到不安，就会犹豫，不知道怎样安排人员合适。如果在发邮件的时候，能够将最基本的状况和背景，以及委托内容的难易度（程度）告知的话，对方会比较容易安排。

而且，关键是要添加"对方的益处（优点）"。

"你们的功劳会被记录下来。"

"你们技术部的人员非常优秀。"

前一句话是摆出了对方的益处，后一句话就是赞扬了对方。这样一讲，对方就会非常积极地应对了。

03 让“老头子”首肯的邮件编写方法

■继续练习上下的“投球”技巧

这里所说的“老头子”，是指在公司里面拥有决定权和许可权的决策者。具体来讲，就是管理部门的部长或者要职人员。也就是公司的上司。

一般来说，在日本的企业里面，这些老头子如果不首肯的话，事情是很难进展的。而且，在日本的公司里面，净是这样的人。

欧美虽然不能说“完全没有这样的人”，但也不太多。

那是因为，这样高举着“老头子权利”，什么都想垄断的人都被淘汰掉了。

但是，事实上在日本公司里，比工作更为重要的是得到他们这些人的首肯，不然工作很难进展。

现在，公司里面的决策，相当一部分都是用邮件来沟通的。因此，想干什么要先用“邮件”搞定这些“老头子”才行。

最近，我常常做一些面向年轻职员的沟通技巧的讲义，并多次提到一个概念就是“发给上司的邮件，就像练习投球。”

于是，他们很容易就联想起在公园的草坪上父子两个练习投球的场景。大家不禁感叹：“和和气气的感觉真好呀！”

但是，很遗憾，这样的想法是完全错误的。

这种上下级的关系不可能是稳定而温柔的。

下属和上司之间的投球距离，就如同站在地面的人与站在10层高楼之上的人之间一样。站在地面上的人在向上面的人投球的时候，别说控制了，就连将球投给对方都是一件很不容易的事情。

而且，从上面扔下来球，下面的人也不好接。即便上面的人轻轻一扔，到了下面也成了超级快速球了。

在这样的情况下，从下向上投球是很难办到的，所以就需要一些窍门和技巧。

也就是说，给上司发的邮件，是要讲究窍门和技巧的。

■要让对方觉得“值得读”

为了得到他们的首肯，首先需要了解他们的想法。

“我有很多事情要做，没有时间。”

“我必须对很多方面负责。”

上述两点就是“老头子们常常会想的问题”。

所以，他们在看属下发来的邮件的时候，常常是按照这样一个思维在想的：

①“我值得看吗？”▶轻重缓急

↓•这个事情会花费我多少时间？

↓•跟其他事情相比哪个更重要？

↓

②“我需要担责任吗？”▶影响范围

↓•如果我许可了这件事情，那么会发生什么呢？

↓•我需要在哪些方面负责呢？

↓

③“这个内容可信吗？”▶信赖程度

↓•这个发信人可以信赖吗？

↓•这个内容还需要确认或者取证吗？

↓

④“值得吗？” ►风险&更高风险

↓•风险度高吗？

↓•所得收益大吗？

根据每个人考虑角度不同，也有的会先考虑③信赖程度。

所以，一旦上司认为“这个人的邮件（事情）不行”“不值得花时间看”“不是优先需办理的事情”的话，那么你就会得不到首肯。

在这里，我教大家几个可以获得上司首肯的方法。

我要介绍的这10个技巧，是根据微软公司“商务桌面”的制造者内田幸一关于公司内部开发报告内容而总结的（这里提到的商务桌面，在与美国总公司进行沟通的时候发挥了很好的沟通作用）。

■开始就写出“最直接的目的”

例如：“请定夺”“请联系”。

首先，就应该摆明“目的”。

无论是何种目的的邮件，都应该在邮件的开头就写清楚。

如果在邮件名的开头就加上“马上定夺”“信息分享”“××的申请”等提示框的话，会更有效果。

虽然可以反复地说，但老头子是没空看的。

每天来往的邮件太多。就连我一天也会收到400封左右的邮件。

那么，这样会产生什么样的效果呢？

无论多么好的邮件，最好的一定是“可以浏览的”邮件。

所以，发送的邮件一定要做到“对方未开封，就可以通过预览画面马上了解大概内容。”

从邮件的目的来讲，就是“希望对方会读”，那么这样做就可以马上实现这个目的。

所以，后面当你遇到上司的时候，你就可以自信地说“这个就是那个邮件的事情”，那么上司也就不会敷衍地回答你说“不清楚。”

重要的是要强调“不读的话，是要负责任的”。

如果内容很长，当对方读完后会说：“你的目的到底是什么？”，这样的邮件会让对方烦躁的，会占用对方宝贵的时间，对发信人的评价也会比较差。

■逻辑要清晰

要紧的事情一定要做到逻辑清晰。

一般如果可以做到5W1H（What, Why, Who, When, Where, How）的话，就会达到很好的效果。

例如，如果下属发来这样一封邮件，你会怎么想呢？

“山田部长，我最近碰到一件很紧迫的事情，就是客户的推介案。无论如何请山田部长一定要帮帮忙。地点就在A公司的会议室，参加者是A公司副总下面的5名干部。会议就安排在两个月后的3月2日可以吗？拜托了！”

读了这封邮件后，上司一定会诧异“哎，等一下，现在真的很急吗？如果急的话，为什么还安排在两个月后呢？”

在这里，“很急→两个月后”，逻辑上不通啊。

那么，如果再加上下面这句话，如何？

但是，接下来的两个月，A公司的副总一直在国外出差，最快也得两个月后才能见面。

这样补充说明后，逻辑就对了。

上司也会明白“原来是这么回事儿啊”，进而考虑你的要求。

要让决策者首肯的话，必须要提出一个合理的理由。

“我这边有点麻烦，无论如何请帮帮忙。”

“请帮帮我！”

即便添加很多这样的客气话，但逻辑上有点勉强，也是没办法答应的。

■理由要充分

在给老头子写邮件请求批准的时候，最好也写些“对于负面问题的解决方案”。

下属一般担心，如果传达负面信息的话，“最后会不会被否定？”其实，正好相反。

他们如果只看到好的方面，就会怀疑“真的会这么好吗？”。

一般来说，这些老头子都是很胆小的。

能够爬到今天的地位，之前不知道跌倒了多少回。所以他们不允许“二次失败。”

基于这样的情况，如果告诉他们“若有负面问题发生的话，也有正面的解决方法，已经做好补漏方案”，那么他们就会放心。

“虽然会有风险，但已经研究解决方案。所以胜算的几率很大。希望给予支持肯定。”

一旦让对方放心了，就会得到首肯了。

■分条书写不要超过三个

如果邮件的文字太多，老头子会厌烦的。因为每天他们都会接收大量的邮件。

你要清楚，你的邮件只是他们收到的邮件中的一封而已。

所以最好减少邮件的文字量，并分条书写。

据说，“人本能上只能记住手指数得过来的数字，一般是5个”。但是，老头子们一般只能记住3个。

这是因为，他们平时很忙，大脑一直处于疲劳状态。

所以，不要勉强地列出5条，尽量归纳成3条，这样会容易被他们接受。

而且，使用分条法将内容缩短，老头子也可以快速做出答复。

答复快了，下属后面的工作也能快速开展。

■事实和个人想法分开写

要避免抓不住中心，文字拖沓的邮件，而且事实与个人想法（分析、预想等）不要混为一谈，尽量分开书写，清楚明了。

虽说这样的道理大家都明白，但是真正在运用的时候，还是有很多人会忽视的。

例如，有这样一个报告："这个系统有故障，我觉得10个步骤中有3个是有问题的。"读了这个邮件，疑问马上就出来了。

"故障是事实吗？还是你的想法？"

“3个问题是事实吗？还是你的想法？为什么有3个问题？”

应该将事实与个人想法分开写，这样就不会引起对方的猜测。

这个系统从刚才开始就一直发生故障→事实 我想可能是出问题了→（猜想）事实 目前显示了大量的错误提示→事实 所以，我觉得应该是出现了很多的问题→（猜想）事实 我觉得10个步骤里3个有问题→个人想法

先摆出事实，再发表自己的想法会比较好。这样，对方就会容易接受并有耐心继续看下去。

老头子都很喜欢“了解事实”。因为下属的想法以及分析有时不一定正确，所以“尽可能地了解事实”会比较稳妥。

在发表自己的想法时另起一行，并用“*”号标注在句首，在视觉上就会跟其他内容区别开来，比较容易看。

事实也好，自己的猜想也好，如果不了解千万不要随便写进邮件。

一旦你的邮件缺乏信任感，那么发信人的信用度在一夕之间就会化为乌有。

■要取舍可以传达的事实和不需要传达的事实

在写邮件的时候，有一项重要的规则，就是不要过多叙述一些没有必要的事情，以免妨碍老头子的判断。

“不必叙述全部事实”不等于“可以说谎”。

如果主要传达内容不明显的话，那么对于判断没必要的事实可以不必提起。

例如，下属想给部长发一封邮件，内容大致说：“课长惹怒了A公司的负责人，希望您一起去道歉！”

“那天天气很糟糕，所以没赶上电车，跟A公司约定的时间迟到了……”

如果下属这么写邮件的话，会怎么样呢？

“哎，等一下。跟客户约好竟然迟到了？迟到了为什么赖天气不好？跟天气有什么关系？”还没等看正文，就被一堆的问题挡住了，看的人会摸不着头脑的。

在这里，实际上要传达给收件人的内容就是“迟到”惹怒了客户。

要注意取舍可以传达的事实和不需要传达的事实。

一般来说，必须要写的就是“决定对方判断的事情”以及“不说会产生误解的事情。”

■数字要精确到小数点后一位

在邮件中，如果涉及数字或者金额的时候，一定要用心仔细地再检查一遍。

老头子对于文件里面出现的数字一定会再次确认的。

因为在平时的工作中，他们常常频繁地检查数字，所以对于数字特别敏感。

而且，他们还认为“自己对于确认的数字是需要负责任的”，所以会非常严格。并且，职位越高的人对此越严格。

在数字方面最容易出错的地方，首先就是单位的添加。像“～百万日元”啊，表示外国货币的“USD”“EUR”等。

而且，在用K表示1000，用M表示1000000的时候，一定要注意位数。在发信前务必再次确认。

另外，像“比上一年增长了30%”或者“达到了上一年的120.0%”之类的表达，尽量统一形式，减少误会，让对方容易理解。

在商业活动中使用数字的时候，尽量不要用“大概”“大约”“差不多”之类的词语，请精确到1日元单位，算到小数点后1位为止。

■语言表达要正确

老头子是很厌烦那些用词造句不正确的邮件的。

邮件会被反复地阅读，还可能被转发给其他人，所以如果表达有错误的话，会产生不好的效果。

我留意了一下现在年轻人写的邮件，特别是对上司的邮件，一般用词都是很客气的，但却刚好产生了反效果。

最常见的就是“いただく”（敬语）的反复使用。

“前几天，在拜访贵公司的时候，我曾谈到这样一件事”。

虽然说得很客气，但是非常难理解。

如果觉得用词不舒服，连自己都觉得“难理解”的话，最好就不要太过于使用敬语，尽量使用简单好懂的表达方式。

再举一个用词不当的例子。

在询问对方姓名的时候，有人这样问：“お名前をちょうだいできますか？（译文：请问您的名字是？）”

这样的用法是大错特错的。

在历史剧中，常常有这样的桥段，“お命、ちょうだい！（译文：拿命来！）”，然后一刀砍下，这种日语用法是正确的。在取人性命的时候可以这样说。

问名字的时候，不要用“ちょうだいする（もらう）”（译文：给我一下名字），而应该说：聞かせてもらう、教えてもらう（译文：可以请教一下您的名字吗？）。所以，你询问名字的时候，正确的说法是：お名前をお聞かせいただけますか？（译文：可以请教一下您的姓名吗？）

可能还有一些人这样说吧：お名刺をちょうだいできますか？（译文：可以要您一张名片吗？）这样表达也是

不对的。

另外，还有将“对象”和“对照”这样的日语中的同音异议的词用错的。

平时，多注意用词，必须使用正确的语言表达。

而且，如果使用不常用的词语，会使语句难理解，造成表达歧义，如果读信的一方理解错误的话，就不能准确地对应了。

发信人的智力也会被轻视，所以切忌无谓的逞能。

■避免逃避的姿态

在下属写给上司的邮件中，常常看到这样的内容：“情况非常紧急，能帮帮我吗？”我就曾经接到过很多这样的邮件。

这些发信人，完全表达的是需要帮助的心情。

但是，读起来却感觉此人有要逃避之嫌，将责任旁推，拉别人下水似的。

“到目前为止，我每周拜访一次客户，并一个一个地提交推介资料，却从来没有收到对方的答复。难道，是对方负责人讨厌我吗？

说实在的，我不知道能否顺利进行下去，事到如今，想请部长您帮帮我！”

面对这样的请求，你会想帮助他吗？恐怕你也想逃避吧？

但是，如果是下述这种说法的话，你会不会考虑提供帮助呢？

“我每周都会拜访一次客户，一边了解客户的需求一边提供大量的资料。

我已经尽了我最大的努力，客户也改观了不少。

在最后的节骨眼儿上，如果作为领导的部长能够帮我使点力的话，就如虎添翼了！”

虽然也感到不容易，但话已至此，也会不由得不帮忙了吧！

这两种表达方式，都是传达一个事实，而且没有谎言。

但是，后一种说法会推动老头子同意帮忙。

将困难的处境堂堂正正地表达出来，不要表现出来你有逃避的意思。

■不在邮件里直接陈述内幕

虽然你发邮件的目的是让老头子首肯，但也不能直白地将内幕写在邮件里。

这些话我们称作“内幕”或者“内情”。

那么，下面我就举一个“非常极端的例子”。

“山田部长！请您批准这个单子的招待费。A公司的负责人总是点很贵的酒，还叫漂亮小姐。”

看了这个邮件，老头子是绝对不会“批准”的。可能会起到反效果。

“之前我们热情地招待了客户，现在我们两家关系已经很融洽了。那么，这个招待费可以帮我报了吗？”

邮件也就只能写到这个程度了。

接下来，如果私下里再说“对不起，那个人真的很好色”之类的话，也不会给对方造成麻烦了。

“有的客人比较下流”，这是大家都知道的事实，“不在记录里留下话柄”比较好。

上述这个极端的例子，在生意场上无论是正式的谈话还是非正式的交谈，都不少见。

“邮件会留到最后，会成为把柄的”，所以一定要引起重视。一定要注意不能轻易交流这些内幕情况。

04 避免使用否定性语言

■不要在邮件里传达负面的情绪

在写邮件的时候，好的事情要说得更好，坏的事情要说得更坏，这样加重语气，更容易让对方接受。

特别是在传达否定内容的时候，尤其要注意表达方式。

如果能够准确地掌握分寸，根据情形不在邮件里直接表达否定的话会比较好。

而且，同一句话，直接用语言表达时一点问题也没有，可是换成邮件传达的时候，却有可能让对方感到不舒服，甚至感到有攻击性。

而且，邮件可以反复地查看，这样无形中就会增加对方的不快感。那么发信人的温度就很难传达给收件人了。

当然，一般赞美对方、表达感谢的邮件，即使不断地发送也是没有问题的。这些话语早点传达效果会更好。因为这种邮件的优点就是“无论何时传送都不会影响对方”。

■避免夜里写邮件并发送邮件

在移动设备越来越发达的今天，有很多人喝完了酒，在回家的电车里稍微确认了一下邮件，就匆忙发送了。

但是，这样的做法其实存在着很高的风险。

你可以确认邮件，并可以先存草稿，但千万不要发送。一定要等到第二天早上，头脑清醒的时候，重新确认一遍邮件内容后再发送。

曾经就有“夜里写的情书千万不要发出去”的说法，因为字面上或许有些难为情的童话或者诗歌的句子在里面。

本来就喝了酒，脑子也不太清醒，很容易主观地判断事物，这个时候写的内容会比较自大，自以为是。也就是说，因为对方不在跟前，就会忽略对方的感受，比较主观。

邮件一旦发出就不可能取回。再解释“我说得有点过了，对不起”之类的话也无济于事了。这个印象已经深深地扎进了对方的脑海中。

你要清楚“邮件一旦发给对方，就不再受你的控制了”，如果你已经明白这个原则了，那你就可以发送了。

国际规则："不发言的人，也就是没用的人"

微软公司有一位新入职的女性员工，她在北京没读完中学，就去了加拿大居住了1年，进入高中第二年开始，就一直在日本。

现在，她工作的时候使用日语，而在家里却使用汉语，但是思考的时候总是用日语。换句话说，也就是她骨子里讲的是日语。

但是，自从到微软公司工作后，汉语也越来越流利。特别是"沟通"和"强调"的时候。

她说："在中国生活的时候，我很喜欢发言，但是到了日本生活后，大家都不怎么发言，我渐渐地也就不爱出风头了。所以，一旦别人让我发表意见的时候，我脱口而出的都是汉语。"

据她说，在中国大家没有前辈和后辈以及男女的差别。虽然从前有"尊敬长辈"的习惯，但是在商业世界里，也不同了。大家认为靠年龄和性别来判断是不合理的，所以真正有才华的人渐渐地都上位了。

为了让别人看到自己的才华，不得不向别人发表自己的意见和主意。必须要极力表现自己才行。

在日本，大家还是更多地看立场和地位来交流。比如说什么"部长的意见很重要啊"，"不能违背前辈的意见啊"之类的。

但是，仅在公司内部以及日本国内还行得通，当面对世界其他地方的对手时，这种等级观念就荡然无存了。你要知道，这种全然不同的价值观就是"不发言的人，也就是没用的人。"

第三章

结合实际成绩的聊天技巧

01 “聊天”是加快工作速度的最强工具

■随时随地都可以交流

十九世界八十年代，“聊天”这个通信工具问世了。这标志着“电脑通信”时代的到来。

这个时期的“聊天”形式，还是通过建立各种各样有趣的聊天室，将大家集合在里面，通过打字来交流的。

上个世纪出生的35岁以上的人，一说起“聊天”，有人也会想起那个时代的“聊天”工具，但现在的聊天形式已经完全不同了。

那个时代，要想“聊天”的话，必须具备三个条件：

①坐在电脑前

②连接自家的电话线

③大家都在的时候（大部分人都回家的深夜时间）登录

然而，现在这个时代，要想“聊天”已经不需要具备这三个条件了。

利用智能手机或者移动终端很轻松地就可以聊天，无论你是在外面还是在电车里，随时都可以连接网络进行聊天。

所以说，现今这个时代，“随时随地”都可以聊天，聊天的形式已经不局限于文本，还可以通过图片、声音数据等自由地交流。

现在，在日本利用率最高的聊天工具就是LINE。

曾有人以时下年轻人为对象进行了一项调查，结果显示：年轻人中有91.2%的人拥有SNS账户，其中，81.6%的人拥有LINE账户（2014年1月macromill调查）

使用非常轻松，以至于大家都不觉得这是个“聊天”工具。而年轻一代，好像只使用LINE。

其他利用率比较高的聊天工具，还有Skype和Facebook。这些工具在整个世界上都非常流行。

■提高回答的效率

在商业活动中，使用“聊天”工具的好处就是沟通特别快。

例如，在商谈中如果发送电子邮件的话，据说回复的所需时间平均为4小时。也就是说，早上9点发送的邮件，要到下午1点才能收到回复。

乍一看，虽然也谈不上这样的回复有什么不好，但是大多数情况下，“如果迟迟收不到回复的话，就无法开展下一步”。

中午前发出的邮件要到下午很晚的时间才能收到，匆匆地对应一下就快下班了。这“4个小时的等待时间”实在不容忽视啊。

跟电子邮件相比，“聊天”工具的回复速度就快多了。

“下周3号（周三）的上午有时间吗？”

“抱歉，没时间。”

“哦，那换个时间。”

这样的一问一答，双方可以在极短的时间内沟通完毕。

■了解对方的在线状态

软件以及应用里面的聊天工具，基本上都可以显示对方的在线状态。

不是我自吹自擂，我们微软公司“Lync”即时沟通工具可以显示登录的各个用户的“离线”“可联系”“外出中”“会议中”“忙碌”“通话中”等各种在线状态。这个在线状态会根据你的日程安排自动变化，不需要你再一个一个地设定了。

一看对方的在线状态，就可以判断“他在线，这会儿联系的话可能马上就能得到回复，那我就问问那件事情吧！”

而电子邮件或者电话的话，就没办法了解对方的状态了。

例如如果你发了一封邮件，可能6个小时后还没有收到回复。于是你等不及就打电话过去问，才知道对方“去国外出差了”。你会非常懊恼白白浪费的这几个小时的等待。

电话也一样，事先你是没办法了解对方状态的，全凭运气。

在联系之前就了解对方状态的话，是非常方便的。

■不要占用对方太多的时间

如果想一边听听对方的反应一边谈事的话，或者想商谈重要事情的时候，与其用聊天工具或者电子邮件，不如使用电话。不管怎么样，电话都是最直接的沟通工具。

但是，在工作中有时你跟对方联系时，但对方不能马上回复，还需要再确认一下，这样的情况有很多吧？

这种时候，还是用“聊天工具”会比较合适。

那么，我们站在对方的立场，以电话和聊天工具两种方式比较看看。

＜电话的情形＞

一旦接了电话，耳朵就被占用了，嘴和手也不自由了。跟周围的人也不容易眼神交流了。→于是业务中断。除了接电话什么也干不了了。

＜聊天的情形＞

看到了电脑画面上的留言后，就可以输入回复内容了。只需要打入20个左右的字就可以了，同时还可以做别的事情。→业务可以继续。其他的事情也可以同时做。

例如，参加会议的时候，如果接了电话，那么思想和身体就都被电话给占用了，即使人还在会场里，也不能投入到会议中了。

但如果在会议中使用聊天工具回复的话，就不会影响参加会议了。

据说，电话会占用人脑的95%，而“聊天”只会占用人脑的30%。

人的集中力一旦被中途切断了，要想恢复到之前的程度，至少需要15～30分钟。如果可以的话，还是不要相互影响比较好。

■可以跟多人同时交谈

通过“聊天”工具，很多人可以同时进行交谈。

例如，“销售课的全体成员”，或者是指定的“小A，小B”，都可以通过建群来进行聊天。

无论我说什么话，都会有人回复我，而且群里的其他人也会发表意见，如此这般，很短时间就可以敲定某些事情。

这种事情如果用电话沟通的话就会比较麻烦，你如果同时打给多人，就会出现“小A说不行，就这样吗？”“不，小B说这样不好。”“那么，还是再问问小A吧。”原本是一个圈里的人，却要分别询问，很麻烦。

通过电子邮件虽然也可以同时跟很多人交谈，但如果CC邮件的数量过多的话，就会变得比较麻烦。可能会出现互不知情，回答错位的情况。

使用聊天工具，可以最快确定下来

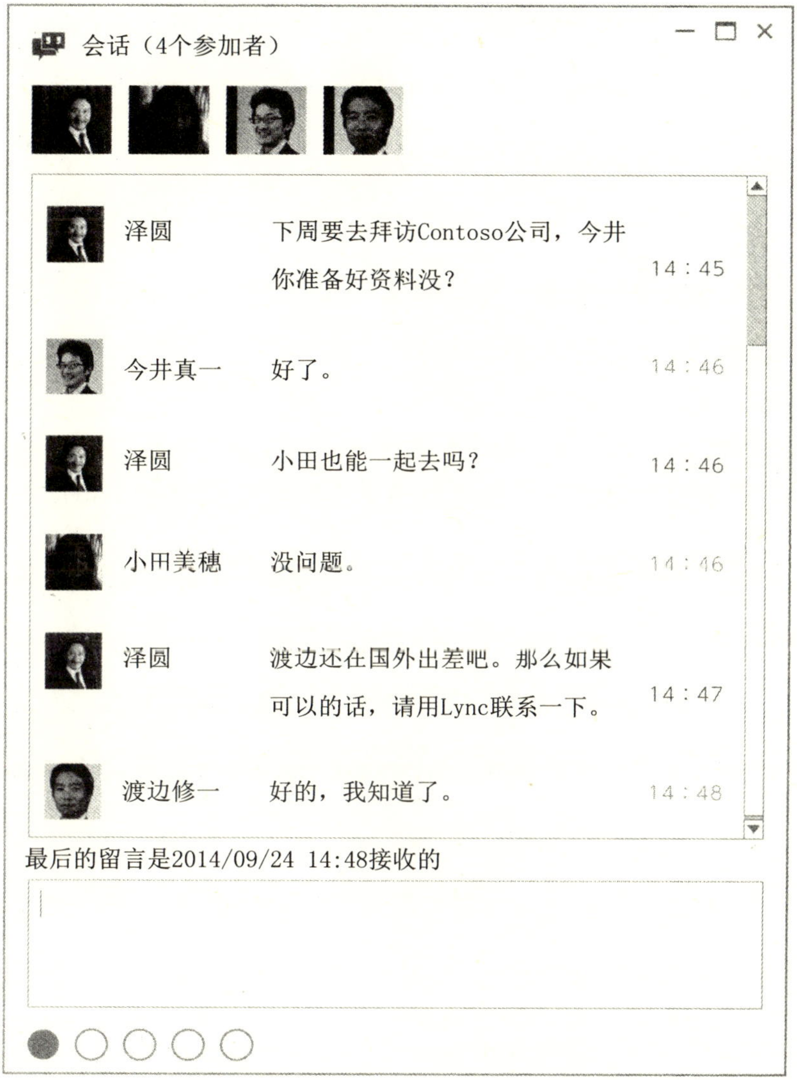

而“聊天”的形式却完全不一样，大家的留言都是按时间顺序排列的，所有参加者都能看到其他人的在线状况，可以根据实际情况进行留言。

这就杜绝了大家在决定一件事情的时候常常会出现的“缩回话头”或者“再需确认”的回避心态，能以最短的时间将事情敲定下来。

所以，“聊天”工具就将多人同时交谈变成了可能，成为了物理上将大家集合在一个空间里进行开会的代替工具。

例如，有4个人想约见面商谈个事情，如果喊大家来集合的话是非常不容易的。4个人中，有可能1、2个人不能如期赴约，还有的人可能会中途退席。

那么，原本见面商谈也就需要5分钟吧，可是如此约见可能就需要20分钟左右，会浪费很多的时间。这多出来的15分钟，在生意场可是有无限可能的宝贵时间啊。就是闲谈也可以使用“聊天”工具的。

■自己要掌控全局

通过“聊天”工具确实可以实时地回复，但却不受限制。

例如，打电话的时候，如果你有1分钟不理对方，依旧做其他工作的话，那他对你的印象一定不会好。

而且也可能会激怒对方。

但是，如果是通过“聊天”工具的话，即使回复晚了1分钟，即使耽搁了一点，对方也不会感到生气。

他会想“可能不在座位上吧？”“可能在忙吧？”

可能有时也会想“把我晾在这里，去哪里了呢？”但是，肯定不会发怒。

“聊天”是一个可以随时随地沟通的工具，可以根据自己的情况掌控交流的过程。

■不要传错话

文本的聊天，会留下记录。

虽然是聊天形式的交谈，但因为最后会有记录留下来，所以可以成为敲定事项的一个证据。

另外，这些交谈的时间也会被记录下来，就为后面的纠纷起了保护作用。

实际上，东日本大地震发生后，日本微软公司的聊天工具就发挥了极大的作用。

3月11日的傍晚，地震发生一个小时后，东京总公司的董事长办公室内，大家就通过了聊天工具监察了大厦内的情况。

例如，当时大家就通过“聊天”工具实时发布了诸如“7楼有震坏的地方”“董事长在1楼，正在做……”“西面的楼梯比较暗，最好不要使用”等消息，而且还将这些消息做了汇总。

所以，在当时那个紧急状态下，“如果你想了解最新的情况，就看看聊天留言吧”。

这种功能是会话做不到的。

如果通过会话的话，可能就会发生像下面例子一样的情况。

“高桥，据说西面的楼梯人很多，最好不要走。”

“是吗？但这个消息是何时的事情？”

“我不知道。”

据BCP（Business Continuity Plan:灾害以及风险发生时的业务继续方案）说，当日的聊天记录非常的珍贵。它原原本本地记录了灾害发生的时间顺序。

这样的应用，今后在其他方面也会有派上用场的时候。希望大家可以记住。

02 不要给考虑的机会，最好现场就能敲定

■连一分钟都不要耽搁

想将大家集合在“同一空间”和“同一时间”是非常不容易的。

即使是在决策下达快速的日本微软公司，要想确定一个一小时的会议，平均也需要大约5.5日的时间。

更何况在其他日本公司，所需的时间就更多了。

“聊天”的使用加快了商务沟通的速度，不用再考虑

“同一空间”和“同一时间”的概念。

首先，说说“同一空间”。

不管距离有多远，都可以自由地进行交谈，不必非得在“同一空间”。这个概念还是很好理解的。

接下来，说说“同一时间”。

“聊天”虽说是一个可以实时沟通的工具，但是即使不是实时，就算有几分钟的差，也可以达到很好的交流效果。

例如，在聊天工具中留言说：“现在，可以回答这个问题吗？”那么对方可能就会回答“现在在开会，我马上要发言，所以不能立刻回复你，如果5分钟后方便的话，我会利用1分钟来回复你。”也就是说，自己抽出1分钟，稍稍错开一点时间，就可以跟对方沟通了。

我们公司的群件产品“Lync”，这几年里被很多家公司慢慢开始使用。例如，富士通的使用者有大约20万人（包括关联公司以及伙伴公司），三井住友银行的使用者有大约4万人，其他的使用者还包括NEC和JT等。

大家都说，自从使用了聊天工具，决策敲定的速度变得非常快。

现在自己的时间完全是以分钟为单位在使用，这在10年前是想都不敢想的。

■为了保证会议上可以顺利通过，请采用“聊天”的方式

微软公司在世界上有13个业务区域，分别分区域展开业务。这些区域的领导们每年举行一次叫做“Mid-Year Review”（年中结算报告书）的会议，规定每年1月必须去美国总公司一趟。这些区域，有的是在一个国家设立一个（如美国、加拿大、德国等），还有的是多个国家设立一

个（如南美大陆、中东欧洲等）。

在日本，就设立了这样一个区域，所以美国的总公司董事和日本法人的董事长以下的董事要参加会议。

这个会议，并不单单是个“报告会”，它的最终目的是当场交流信息，并定下来后半期的明确计划。

因此，“在日本，上半期的情况如此如此”之类的内容没办法慢慢地汇报，于是也就觉得没必要事先阅读资料。

而且，美国总公司的董事也跟13个区域的其他领导们开同样的会议。

原本就挺聪明的，再加上不断的锻炼，越发地精明了。诸如“这个数字是怎么回事儿？”“哪个时间都是谁做的？”这类问题，接连不断地会被问到。

■自如地使用“在线事前协商”

这些问题都是董事长以及一些有实力的干部来回应

的，但是，其中也真的有很多要命的问题。

那么怎么办呢？

那么就在董事长的电脑屏幕上显示“与去年相比达到了121%”这样的答复。

这就是为什么当董事长和董事不知如何回答的时候，就会有一起参加会议的职员用聊天悄悄报告。

这倒不是要什么手段。

在会议上，早已安排好了。座位的安排也是对应这个会议形式来处理的。

微软结算报告会的座位图

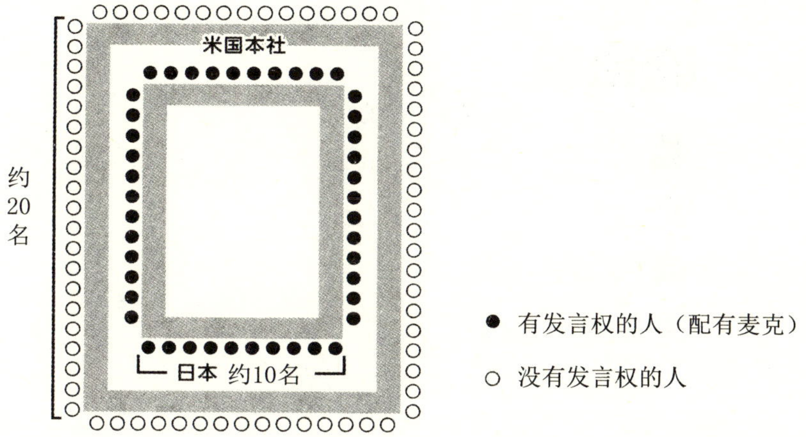

这个座位的排法很像汉字的“回”字，排成两个方形套在一起。

坐在里面的方形的座位上的就是董事长等发言者，有配置麦克。

坐在外面的方形的座位上的人没有发言权，所以也没有配置麦克。

然后，全体参加会议的人都打开电脑的“Lync”工具。

结算报告书的电脑显示状态

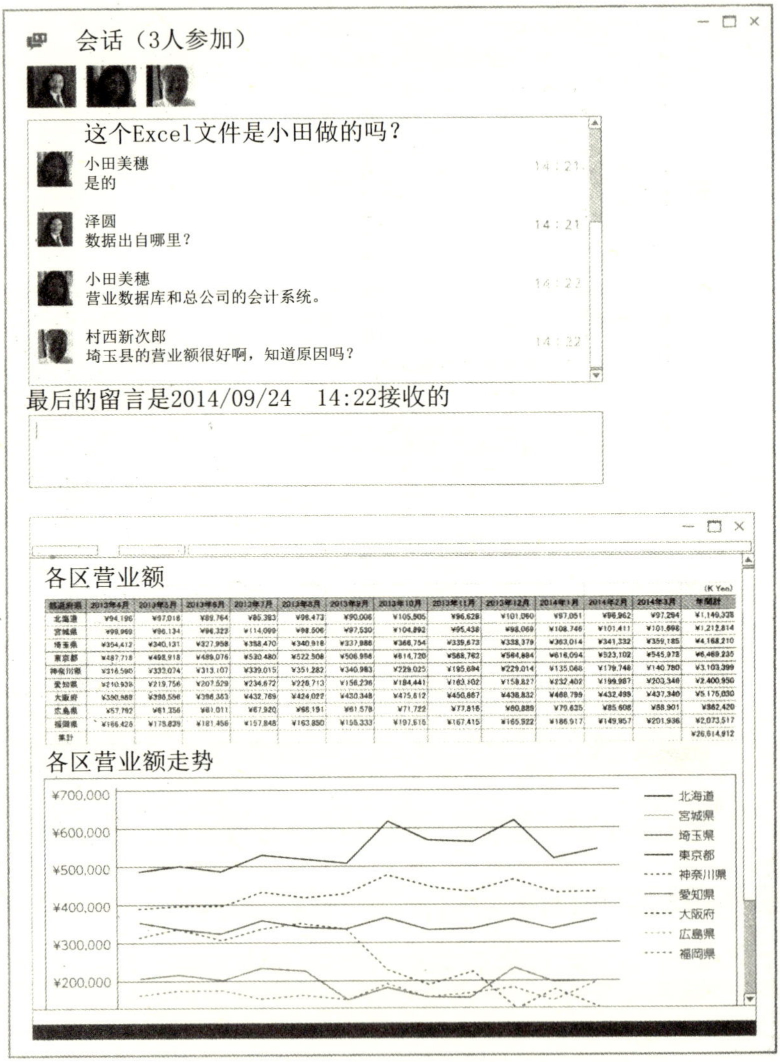

都道府県	2013年4月	2013年5月	2013年6月	2013年7月	2013年8月	2013年9月	2013年10月	2013年11月	2013年12月	2014年1月	2014年2月	2014年3月	年間計
北海道	¥94,196	¥97,018	¥89,764	¥85,383	¥98,473	¥90,006	¥105,505	¥96,628	¥101,060	¥97,051	¥96,962	¥97,294	¥1,149,338
宮城県	¥99,969	¥96,134	¥96,322	¥114,099	¥98,506	¥97,530	¥104,892	¥95,438	¥98,069	¥108,746	¥101,411	¥101,698	¥1,212,814
埼玉県	¥354,412	¥340,131	¥327,958	¥358,470	¥340,918	¥337,988	¥366,754	¥339,673	¥338,379	¥363,014	¥341,332	¥359,185	¥4,168,210
東京都	¥487,718	¥498,918	¥489,076	¥530,480	¥522,508	¥506,986	¥614,720	¥568,762	¥564,684	¥616,094	¥523,102	¥545,972	¥6,469,235
神奈川県	¥316,595	¥332,074	¥313,107	¥339,015	¥351,282	¥340,983	¥229,025	¥195,694	¥229,014	¥135,068	¥179,748	¥140,780	¥3,103,399
愛知県	¥210,939	¥219,756	¥207,529	¥234,672	¥228,713	¥158,236	¥184,441	¥163,102	¥158,827	¥232,402	¥199,987	¥203,346	¥2,400,950
大阪府	¥390,988	¥398,586	¥398,383	¥432,769	¥424,022	¥430,348	¥475,612	¥456,667	¥438,832	¥468,799	¥432,499	¥437,340	¥5,175,030
広島県	¥57,762	¥61,356	¥61,011	¥67,920	¥68,191	¥61,578	¥71,722	¥77,816	¥80,889	¥79,635	¥85,608	¥88,901	¥862,420
福岡県	¥166,428	¥178,839	¥181,456	¥157,848	¥163,850	¥155,333	¥197,615	¥167,415	¥165,922	¥186,917	¥149,957	¥201,936	¥2,073,517
集計													¥26,614,912

而且，坐在前排的董事长以及董事们也打开了聊天进行交谈。

他们会聊些诸如“这个，我可以回答”“那么，拜托了”之类的话题，然后可以说明的人做代表进行发言。

会议的参加者都相互了解这种沟通方式，称它为“在线准备”。

■杜绝“事后报告”

为什么呢？因为这种形式的会议可以加快商务速度，公司认为这是最有意义的。

将人和技术集结在一起，“在最短的时间内达到最好的效果”。

如果允许“回头调查之后再报告”或者“下周拿出数字”的话，那么当场就什么也决定不了。

据说十年前，一次结算报告会大概需要14个小时。于是，在会议的间歇时间，不断地通过电话和邮件来确认业务。

但是，现在所需的时间仅为5小时。现在，业务规模不断扩大，在会议上需要讨论的内容不减反增。聊天工具的使用，成了缩短会议时间的一个重要原因。

一说起这个会议啊，有些人会问："作为发言者，你一直盯着电脑屏幕，不会影响会议的整体气氛吗？"，其实我还真不担心这个问题。

因为聊天用的都是很简单的词汇短语，稍微扫一下就可以明白意思。

使用这个工具，我们可以实时地确认正确的信息，并看着对方的脸进行发言。

■只有与国外的商谈才采用"聊天工具"继续跟踪

在跟国外以及远方的客人沟通推介案的时候，"聊天工具”真的是帮了我很大的忙。

例如，我们公司的营业部职员去拜访新加坡的客户并进行商谈。

当时我是在微软公司的东京总部的一个房间里，为那个客户准备推介案的相关资料，开着电脑一直在待机。

于是，营业部的职员就通过文本聊天不断地传递给我现场的状况。

“目前，是这个流程。”

“客户似乎很在意成本。”

“感觉还可以。”

“马上就该你出场了。”

“那么，拜托了。”

打开视频，开启电话会议模式。我已经做好了充分的准备要登场了。

多亏当地的营业部职员通过文本聊天，给我添加了很多新的信息，我已经做好了推介案的充分准备。

如果没有这些文本聊天，就不会了解“对方的纠结点”，就不会明白“轻松取胜”的关键点。那么出现在客户面前的时候，就不能听到对方说“小泽先生，这个商谈太顺利”了。

实际上，大家都希望可以跟国外以及远方的客户达成“20分钟的推介案”，我如果就为了这“20分钟的推介案”而浪费一天、两天出差的话是没有意义的。

但我也会协助公司顺利进行商谈的。

虽然不能说我的工作超过了面对面的商谈，但是，我也确实通过“聊天”工具在一定程度上提供了很好的协助。

“聊天”工具的历史还很短，很多使用方法还没有确定。你也可以不断地开发新的使用方法，开发它新的功能。

03 报告用语要简洁，尽量使用柔软易接收的语言

■“结尾格式”要统一

下面的图是我跟日本微软公司董事长樋口先生的对话。

我在日本，正值早上7点。

董事长在美国出差，当地时间是晚上6点。

所以，我们的交谈就是从“早上好”“晚上好”开始的。

我前几天，参加了业界各大公司出展的大型展示会，并推销了我们公司的产品。

董事长看过推介案后就马上出差了，我们在推介案后连谈谈的时间都没有。

某日我的聊天记录

聊天对象樋口泰行（日本微软公司董事长）

日本时间早上7点。与尚在美国的董事长进行了交谈（当地时间晚上6点）

针对前一天的展示会活动（我负责推介的），交谈了2分钟。

泽圆：（7:04）
早上好！

樋口泰行：（7:04）
晚上好！

泽圆：（7:04）
哎，已经到华盛顿了吗？

樋口泰行：（7:04）
是的，已经从会场到成田了。

泽圆：（7:04）
急行军啊！辛苦了！

樋口泰行：（7:04）
后来，展台里热闹吗？

泽圆：（7:04）
非常热闹！隔壁的展台好可怜！

樋口泰行：（7:04）
活动路线很棒啊！

泽圆：（7:04）
把路都给堵了，很多人都有意见了。

樋口泰行：（7:05）
是吗？事先准备的宣传资料都没够吧？

泽圆：（7:05）
是的，远远超出了目标。

樋口泰行：（7:05）
太好了！继续努力！

泽圆：（7:05）
明白，您也辛苦了！

樋口泰行：（7:05）
那么再见！

泽圆：（7:05）
再见！

所以，我就用聊天工具，做了一个“简单的事后报告”。

我使用了客气的结尾格式，读起来有点生硬是吧？

但我认为这样有点距离感的交谈，正是商务活动中使用聊天工具的基准。

虽然看起来有点多余，但是聊天的内容会被记录下来的。

因此，绝对不能使用粗暴的词句，不能发表不负责任的言论，不能出口不逊。

■熟练运用“适合对方状态、简单明了、容易理解”的句子

在商业活动中，聊天工具的使用时间还不长，有很多人也非常苦恼于如何使用这个工具。电子邮件刚用于商业活动中的时候也是如此。

基本上来讲，聊天工具的使用方法是很自由的。如果能够开发新的使用方法也不错。

但是，绝对不可忘记的，就是“在商业活动中使用聊天工具的目的”。

聊天工具被广泛地用于商业活动中，就是因为人们意识到它可以提高商业活动的速度。

为了达到这个目的，请严守以下三点：

① 谨慎设置自己的在线状态

在商业活动中使用聊天工具的时候，必须保持“自己的实际状况”和“显示的在线状态”一致。

换句话说，就是要谨慎设置自己的在线状态。

如果设置的状态是“联络可能”，那就意味着你实际上不是在休假中，不会看不了电脑或者移动终端。

当然，如果说“接下来的两个小时，需要高度集中处理事情，”然后设置为离线的也是可以的。这个状态是由你自己来控制的。

但是，如果总是“离线”，总是“不能联络”，最终可能就会给自己带来损失。

像我本人，有时“我有工作需要专心处理，于是就设置离线”，但周围的人却以为我是“不想被打扰而离线。”

于是，有人就说“这个人离线，那找别人吧”，最后，我就被认为是“不工作的人”或者“不能工作的人”。

而且，工作不是一个人的事儿。

为了提高商业活动的速度，我们利用了聊天工具，但如果不加入进来的人，就会被认为是妨碍商业活动的人。

② 留言尽量使用简单、简洁、明快以及客气的口吻

在用聊天工具留言的时候，尽量使用简单的语句，但又不能太生硬。

例如，下面这个寒暄的例子，你觉得怎么样？

“山田先生，早上好！百忙之中打扰您，实在不好意思！请问您能帮我个忙吗？”

这个留言用语虽然非常的客气，但是却不合适。

聊天工具的留言，绝对不能拖沓。

“早上好，现在方便吗？”这样表达就可以了。

还可以说，“田中先生，我有个问题想问问你。”“你好！昨天的推介案真不错！”“刚才，客户那边提出了一个××的问题。你知道吗？”等等。

如此轻描淡写地问，也是没有问题的。

如果双方长篇大论地交谈，就跟用电话是一样的，会占用对方的时间。好不容易使用了可以加快商务速度的聊天工具，结果一点用场也没派上。

第二章里面介绍电子邮件的时候我有提到，语言会根据发言人的立场而感觉不同的。因此，在用聊天工具交流的时候，上司对下属要尽量使用软语言。

具体地讲，如果下属问“现在方便吗？”的时候，上司不要说“是，可以”，最好说“好，说吧！”或者“当然可以”。

这样的回复，从下属的角度看来，关系就拉近了好多。

虽然有很多的想法，但我自己，还是很喜欢在商务聊天中使用符号文字的。

当然，也要看与对方的关系，以及当时谈话的重要性，特别是在“谢谢”呀，“很高兴”呀之类的积极地表达感情的时候，会想到使用符号文字。

③ 用结束语告诉对方结束聊天

聊天工具与其他工具相比，最大的优点就是不占用对方的时间。

但是，虽然这么说，当需要占用对方的宝贵时间的时候，也尽量将占用时间减到最小。

聊天的时候，基本都是实时的沟通，但有时也会突然离席，或者不方便回复，虽然不能即时回复，但也不影响沟通。

如果，一方觉得已经谈完了，而另一方觉得还没谈完的话，可能10分钟后，甚至1个小时后，另一方还会牵挂着这个事情。

因此，如果聊天已经达到的目的，就告诉对方“话已经讲完了”，这样对方就不会一直等待了。

可以说：

“非常感谢！”

“打扰了。帮了我大忙。”

“就这样吧！”

“再联系！”

“谢谢！”

尽量用些双方都明白的结束语。

泽先生视点2

比尔·盖茨的“思考周”

随着移动终端的进化，人们可以随时随地进行沟通。也因此，人们的工作效率不断地提高，即使是跟家人度过的空闲时光，也要对付电子邮件和聊天留言，于是很多人感到苦不堪言。

微软公司的创始人比尔·盖茨，给自己设置了每年两次的专门思考时间。他称它为“思考周”。他一个人待在别墅里面，断绝一切的外界接触。

在这个“思考周”里，他不仅不跟微软公司的员工联系，也不跟家人和朋友联系。在一个人的独处的时光里，他可以读读书籍和资料，慢慢地考察一些东西。阅读的资料中也包括了最新计算机技术相关的高学术性的博士论文。

实际上，很多关于微软公司未来走向的革新和决策，都是在这个时期诞生的。比尔·盖茨本身深深地体会到了“专注思考”的重要性，并付诸实践。

其实我在写连载的稿件的时候，也不想跟任何人联系。我叫它为“思考日”。

这一天里，完全专注于写出自己头脑中的想法，竟然发现“原来自己也想到这些了！”于是深深思考，将头脑深处的东西全都掏出来，形成文字。

在这个时代，虽然这样做可能会阻碍了沟通，但却创造了独创性的时间。

第四章

吸引人看下去并接受的交谈技巧

01 要明白机会稍纵即逝，不可再来

■不要忽视面谈

——现在这个瞬间，与眼前人在谈话，这就是一个奇迹。

我一直抱着这样一种想法，每天与人在交流。

不只是跟非常重要的客户谈推介案，还包括与同事的交谈，以及与家人和朋友的交谈等等。

这是我长期学习茶道的经验，可能被茶道的“一期一会”的思想所感染了。

茶道有云：“在茶会上，主人和宾客都明白这个机会是一生只有一次的，所以尽力拿出最好的诚意。”

大家也有这样的经验吗？

如果你有一个朋友久居国外，好不容易回国一趟，你们有机会见面，你会不会想“哎，太难得了，珍惜这次的相聚，好好聊聊吧。”

暂时先不想“下次什么时候才能再聚”，彼此都很认真地倾听对方讲话，并热情地交谈。所以，彼此都会很尽兴，感到无比幸福。

无论多么无聊的话题，但只要想到“现在的这个地方，这个时间，不会再有第二次了”，那么，就会非常珍惜当下的谈话。

即使是在生意场上，所有的交谈也都是“一期一会”的。

不管是与客户的商谈，还是公司内部的会议，在这场谈话中，所有的人都是共同分享这个“时间”和“空间”

的。

所以，大家为了能聚在一起，一定是调整了行程，花了些功夫的。

并且一定是被其他人成全了的。

或者，举个极端的例子，这是多亏了山手线的司机平安无事地将我带过来，我才有机会跟大家聚在这个地方。多亏了过马路时信号灯阻止了车，我才能平安无事地来到此地。

如此一想，正是有如此多的事情堆加在一起，才会偶然地聚集在同一个地方。

可以这样想吧，“自己和对方能相聚在此处，应该不是必然的吧。”

“人们共同分享同一时间和同一空间”，也是需要很多很多调整的。而且，还要排除万难才终于实现的。正因为如此，才应该好好地感恩，好好地珍惜当下的谈话。

■即便是日常的交谈也要用心对待

世界上屈指可数的名人们召开了一个非常有名的TED演说会。

在这场演说会上，指挥家本杰明•詹德演说的题目是“古典音乐可以改变人”。他演说的内容非常幽默，对古典音乐的魅力娓娓道来，是一场棒极了的演说。但是，最吸引我的却不是他的内容，而是他最后收尾的一段话。这段话是这么说的。

——这是一段从犹太人大屠杀中幸存的一位女性的故事。

她15岁的时候，被带上火车运往波兰西南部的奥斯维辛集中营（德国人对犹太人大屠杀之地），在途中，她看见年仅8岁的弟弟掉了一只鞋，于是，她就冲着他说：“怎么那么笨呢！你能不能看好自己的东西。”于是，这句话就成了她跟弟弟讲的最后一句话。

很幸运，她活了下来。于是，当她走出奥斯维辛集中营的时候，她发誓“今生我一定会将每一句话当作最后一句话来讲”。

在平日里，虽然我们很难想象“从此以后，你说的这句话就成了跟对方说的最后一句。”

但是，一旦发生了什么，最后悔的一定是讲过的“话”。

语言在人与人沟通的时候，是非常重要的。

如果能够认真对待每天讲的话，意识到“交谈的重要性”的话，那么你讲的每一句话都将会很有分量的。

所以，首先从注意自己讲出的话开始吧。

02 模拟练习应对反击或者反对意见时的对策

■了解自己的思考方式和思考习惯

前面我们曾经说过“交谈的机会是非常珍贵的。”

既然这么珍贵，那么事前的“准备”也是很重要的。毕竟在当场马上做出反应的时间是有限度的。

这个事前准备，实际上我在第一章的“自我批评”中已经提到过了。

例如，“自己是抱有什么想法的人呢？”

跟自己交谈的对方，是别人。所以，对方拥有跟自己完全不同的想法，或者对自己的话，对自己的言论持反对意见，这都是非常正常的。

这个时候，若能够了解自己的思考方式和思考习惯的话，就能够冷静地分析彼此的差异并作出对应，也就不会出现问题了。因为已经意识到“自己跟对方的想法存在差异了”。

反过来，如果你不了解自己，在当时的情况下，你一发言就被反驳的时候，你会想“哎？为什么？为什么会反对我呢？”，于是你就会开始动摇，可能会因为被攻击所以说错话，或者什么也说不出来。最糟糕的，也可能双方就没办法谈下去了。

所以，在跟对方交谈前，应该整理好自己的基本想法和思考方法，想好交谈中可能会谈到的信息点，以及这些信息点出现反对意见时的应对方法。

■利用“中间一次的询问”保持自己的冷静

我也常常反省自己在交谈中的毛病，我最大问题就是“性子急”。

我真是性子很急的一个人。而且，特别容易感情用事。人们都说“性急吃亏”，在交谈中，常常伴有风险。在谈话中，稍微不留意，就会被对方的言行给激怒，一旦发怒就没办法继续谈下去了。

但是，这种性子急的性格早已根深蒂固，很难改的。之前我也曾经咨询过我的生活顾问，他说“愤怒是一个人很重要的感情，缺少了是不健全的。”

而且，近来也有很多“愤怒控制”“愤怒管理”的书籍问世。

看来，控制愤怒是很必要的。

下面就是我发明的方法，请看看！

“不管怎样，先询问看看”

我告诉自己，如果别人反对我的意见，我就先询问看看。

既不跟对方唱反调，也不表示赞同。只是问“为什么你这么想呢？”

“你一直是这么想的吗？”，将谈话的球抛给对方，先让对方解释看看。

这对我来说是非常轻松的，也可以借机缓口气。

我很清楚“在这个节骨眼儿上，如果我说什么的话，就会变得很奇怪。”所以，不如让对方先来讲讲。

那么，根据情形，对方就会一边说一边想“啊，等一下”，于是有可能就会改变想法。或者相反的，自己也可能会想“如果是这样的话，应该也是可以的吧”，于是可能还会赞成对方的意见。

而且，当对方解释后，双方意见仍然不能统一的话，那就只能承认“意见分歧”的事实了。同时也就不会出现“激烈的反对”或者“不分青红皂白的否定”了。

■想好回击的话语

无论是在工作中，还是在私下里，常常会出现“为什么他会反对我呢？”“为什么他不明白我呢？”这样的情况。

如果每一件事情都气得不行，那你的身体也是吃不消的。而且，愤怒也会引起大事故，也就没办法继续下去了。所以，应该在继续的谈话和交流中寻找解决问题的头绪。

了解自己的思考特点，全面认识自己，事先想好“在这样的情况下，怎样处理（说什么）会比较好”，那么交谈就会变得轻松，不那么难办了。

“如果他这么讲的话，我该怎么回复呢？”

“如果他反对的话，我该怎么应对呢？”

“如果他跟我的价值观不同，我该怎么办呢？”

你要清楚，最好的解决方案不可能在一瞬间形成，应该事先就准备好。（当然。小泽我也常常失败。谈话的技巧是需要一生不断研究的课题，这个课题还很深奥！）

03 通过沉默、倾听和讲话让对方产生信任

■要善于倾听对方

推介演说厉害的人未必是对话能力强的人。

推介演说和对话是完全不同的两种形式。

推介演说是被赋予了个讲话的场所，自己拥有主导权。对方能够听进去多少，就全看这个推介演说者的本事了。也就是说，要看推介演说者的“表达力”。

另一方面，对话则是自己讲，对方也讲，而且，你自己还得回应对方的话。这个要求的是对话者的“对应

力”。

换句话说，如果不能很好地听懂对方的话语就不能够对应，所以，“倾听技巧”是至关重要的。“对话=讲话技巧”是不正确的。

推介演说=表达力

对话=对应力

据说银座著名俱乐部里面的妈妈桑和当红的歌舞伎町男公关，都很会做生意，因为他们大部分都是很好的倾听高手。

为什么这么说呢？因为人在聊自己的时候，不知不觉心里就会变得很舒畅。所以，很多的客人喜欢找会倾听的妈妈桑来一吐为快。

这些妈妈桑们都很会倾听。她们听很多客人倒苦水，也容易理解客人。然后，按照客人的心情准确恰当地回答客人。例如，一句简单的“真是不得了啊”，就牢牢地抓住了客人当时的心情，这就是盖过一切语言的撒手锏。结果一击即中。这正是真正明白了对方的心情，并在最佳的时机说出对方最想听到的话。

我在向下属传授营业对话技巧的时候，也曾说过：“7分靠听，3分靠说。”

但在现实生活中，“7分听”也是很难做到的。即使一再注意，最后也有可能听一半说一半，或者反倒说得更多了。但是，如果能够尽量保持“7分听”的话，那么对话的效果也会完全不同。

多倾听对方讲的话，当你讲话的时候也会更有分量。

■“不插嘴”，“多附和”，让对方安心

我们常常认为“有对话能力的人=很会讲话的人”，不爱讲话的人就是自卑，但实际上，对话的效果好不好，并不取决于自己向对方传达了多少内容，而在于你有没有很

好地将内容传达给对方。

最重要的并不是话语的数量。

所以，自己的意思有没有真正传达给对方，关键就在于你有没有取得对方对你最基本的信任，要让对方觉得“这个人的话，我很想认真地听听（=有听的价值）”。

换句话说，如果你得不到对方的信赖，无论你说多少话，也是没有效果的。

那么，接下来向大家介绍一下提高信赖度促进对话效果的三个方法（三个步骤）。

第一步　为了获得信赖，要先“保持沉默”

做法：绝对不打断对方说话

做法：开始时绝对不使用“但是”“可是”之类的词语

要想提高对话能力，首先就要学会“保持沉默”。

可能有些人会感到很惊讶，但是与其多说话，不如先保持沉默，这是非常重要的。首先，要让对方愉快地讲话，取得他的信任。

虽然我说“千万不要打断对方讲话”，但可能会有人反对，他们会说：“这做不到啊！对方如果一直讲个没完的话，怎么办？”尤其是做销售的人，大部分都会这么说。因为他们认为一个劲儿地讲，效果比较好。

所以，我希望你们以后能够改一改，“千万不要随意打断对方讲话”。

一般来说，“觉得这样做没什么”的人，大体上都是很爱打断对方讲话的人。

所说的“千万不要打断对方讲话”，就是要降低打断的频率。

而且，自己也绝对不要总讲“但是”“可是”之类的话。如果对方听了这一类的词语，就不会想继续讲下去了。

也就不想再跟你交谈下去了。所以，如果你想说这样的话时，先保持沉默吧。

不管怎么样，尽量给对方讲话的空间。

你的沉默到位了，也就赢得了对方对你的信赖了。

第二步　为了加深信赖度，要学会倾听

做法：学会附和

做法：注视着讲话的人

做法：当对方在讲很重要的话时，最好探出身去

为了让对方感觉到我们有在认真倾听他的讲话，可以做出一个“倾听的姿势”。

你可以附和着说“原来如此”或者“确实是这样啊”，或者为了表示你明白对方在讲什么，也可以附和说“啊，还真是这样啊”之类的。而仅是回答“嗯，嗯”的话，就有点不太认真的感觉，效果不好。要清楚地附和对方讲的话。若是想清楚的表达肯定的意思，也可以说“太好了”或者“太棒了”之类的。

要注视着讲话的人，这是倾听者的关键。

对方在讲很重要的事情的时候，你要稍微往前探点身，或者有点反应会比较好。例如，你可以说“这个是怎么回事儿啊”，并稍稍往前探点身的话，对方就会觉得你对他的话有兴趣，就会变得很安心。

这些都是提高信赖感的非常有效果的动作。

第三步　为了巩固信赖度，自己开始发言

做法：将对方的讲话内容简单的复述一遍，提高理解度

做法：通过稳住和附和，来调整对方的讲话时间

做法：利用谈话的过程，制造笑料

等对方讲完了，你可以将他讲的话简单的复述一遍，比如：“也就是说，就是××××吧”。也就是跟对方简单地确认一下他讲话的内容，这样做的话，对方就会明白“你已经理解了他的意思”，那么他就更信任你了。

第一步强调要先保持沉默，不要“打断对方讲话”，那么到这时，就可以一边附和一边调整对方的讲话时间了。

当意识到对方讲得过多的时候，你可以说“啊，原来如此。原来是这么回事儿啊”，以这句话为切入点来转换话锋，这样对方就不会觉得唐突或者被人打断。而且，还能表达出你的钦佩感。

一边钦佩对方的讲话内容，一边开始自己的切入讲话。

这个时候，推荐大家一个动作，就是双手插入对方腋下，会在视觉上引起对方的注意。这个动作是相扑的动作，就是将手插入对方的腋窝下面。你们应该有听过“腋下之争”这个词语吧。

那么最后，讲话者最难达到的境界就是让对方“笑出来”。

无论是对话还是推介演说，但凡能令听者笑出来的，都是很擅长讲话的人。但是，就是因为这样的做法会比较能够加深对方的印象，所以有些人就强迫自己在讲话的时候一定要添加笑料，结果太过于做作反倒起了反效果。

虽然尽力找噱头令听者笑是挺好的，但是如果失败了反倒给对方留下个坏印象，之后就很难重新树立形象了。如果可以的话，让对方“会心一笑”或是“缓和一下紧张的气氛”都是不错的。

轻蔑一笑就代表着表达有点过了。

例如，如果会议的司仪说：“今天，谁还有未议的项目吗？”其实这样说一点效果也没有。

但是，如果改变一下表达，说“今天，还有必须敲定的事情吗”，怎么样呢？

这就有点意思了，“还有非得今天解决的单子吗？”（笑）

如此一来，场面就缓和了，自己也容易讲话了，也就抓住了在场的人的注意力。

没有必要让大家爆笑。只要对方说“这个人挺有意思”就可以了。

说到这个笑料的噱头，有人是谈自己的失败糗事，也有人是拿自己来开涮，如果这样的笑话让对方感到为难的话，那么就会留在他们的脑海中，反倒起了反效果。

对话的目的不在这里。搞笑的话，只要让对方感到“有点意思”或者“稍微跑题”就可以了。

04 通过提问方式添加两个想传达的信息

■交谈中可以通过提问和回答来引起兴趣

在交谈中，如果只有一方一个劲儿地讲，会很不起劲。单单一方讲话的情况叫“说明”。那么如果是说明的话，对方就有可能会跑神儿。

也就是说，对方有可能对你的长篇大论不感兴趣，“觉得不太想听你讲的内容”。

这时候就需要发挥“提问”的作用了。一提问对方就会做出“反应”。比如说“对，就在那里”“不对，还要再往这边一点。”通过提问，明确了目标的具体位置。胡乱地投球是投不中目标的。但是，如果有了提示再投球的话，就会容易多了。

对话是需要“提问”和“反应”来推动的，这样会加深对事物的理解，迅速达到目的，可以发挥不可小觑的威力。

也就是说，根据提问的方式，可以提高对话的质量。

我觉得提问的目的有4个。

＜提问的4个目的＞

① 消除疑虑

② 巩固关系

③ 认清实力

④ 施加压力

那么接下来，我们一个一个的分析看看。

目的之①消除疑虑

意思很简单，就是询问不明白的不理解的地方。

但是，与其说“我不太明白，可以给我说说吗？”，不如说“我是这样理解的，请问对吗？”

因为不明白的理由肯定是“前提知识不足”或者“对方的讲解不够清楚”。

例如，你从下属那里收到一份报告，报告是关于对A公司的营业额下降的事情。

这个时候，你如果说“你拜访A公司的次数才达到原定的一半，是这样吗？”，那就是你掺杂了个人理解的询问。

下属若是说“是的，没错”，那么他的回答就会很模糊，你也会更加觉得自己的判断是对的。（这就是对方解释得不够清楚造成的）

但如果下属说“A公司从上个月开始定下了一条规则，就是同一家公司的推销接待次数不得超过每月3次。所以才达不到原定次数的。”这样一解释，上司就会明白是自己不清楚情况才未能理解。（这就是前提知识不足造成的）

将自己的理解简单地表述出来，就可以消除疑虑。

目的之②巩固关系

通过提问，可以巩固与对方的关系。

如果察觉到对方想讲的话，你可以向他提问，这样你可能会被对方称赞或者欣赏，那么对方就会变得很积极。那么，后面的对话也就会变得很顺畅。

例如，利用交换名片的时机提问的话，效果会很好。

一边看着对方的名片，一边说："您的名字很特别啊！您是哪里人啊？"

对方回答："我是爱媛县出生的。"

你说："好地方啊，我也去过，那里的××温泉我特别喜欢。××也很好吃。"

对方回答："哦，原来您也知道啊！"

这样一来二去，就从对方那里获得了不少信息，通过夸奖的方式，将关系就拉近了不少。

要记住，不可直截了当地表明目的。一眼就看透的奉承会起反效果的。

所以需要用提问的方式，将“想跟对方好好相处”“想构建良好关系”的心情埋入里面。

而且，对于你自己来说，能够欣赏对方也是非常有益的。如果在工作上与对方相处融洽的话，工作也会很顺利。

目的之③认清实力

在录用面试或者晋升面试的时候，又或者想了解从事推销工作的推销员或者技术顾问等人的能力的时候，一般都会采用询问的方式。

例如，给出一个题目，然后看看对方怎么思考，怎么组织逻辑，怎么进行阐述，怎么快速作答等等。

我在进行录用面试的时候，就曾出过这样的题目：“在竞争激烈化、全球化以及成本消减的三项基础上，如何做好安全基础构架，请思考5分钟，然后开始回答。”

乍一看可能有人会说“哇啊”好难，但是能够从日常生活开始思考的人，也是可以很轻松顺利地回答的。

在提出这样的问题前，首先你自己要有个清晰的答案才行。“如果说出了答案，别人却完全听不懂的话”，那么这个提问就是没有意义的。与其这样还不如不要问。解释不清楚的话反倒让自己陷入困境。

但是，也不可以强迫别人的答案一定要与自己的一样。这样的提问不可能只有一种答案。

持有自己的想法，也能接受别人的不同想法才好。比较他人和自己的想法，就可以很容易地认清实力。

目的之④施加压力

也就是所谓的“压迫面试”。

比如说，不断地问“为什么”，提出的问题不给任何提示，将所有的问题都抛给对方去想，这样的一种提问方式。

这样的形式常常用于，需要立场明确，必须保持顽强的严格职位的录用面试或者晋升面试中，以及对没有责任感的员工进行试探对其管理的必要性的场合。

“为什么你这样想？”

“这是因为……”

“哦，原来如此。但是，为什么呢？”

就这样不断地提问，其实提问的一方也很辛苦。如果想战胜这样的问题，不仅要头脑好用，还需要强大的心理素质。

虽然不断地提问不是太好，但是必要的情况下也是不错的选择。

例如，据说目前苹果公司的CEO蒂姆•库克，就曾经受了史蒂夫•乔布斯的世界最高级别的“压迫面试”，才获得了现在这个职位的。

■提问时的语言和信息可以多些

如果碰到像地藏菩萨一样话少的人，你可以试试提问的方式让对方不知不觉地回答一些问题，这样就能把他的话引出来了。

不过要注意，要尽量避免“是或者不是”就回答完了的问题。

例如，如果你问“今天的研讨会怎么样啊”，那么对方有可能就回答“不错啊！”

但是，你再问“今天的研讨会，你觉得哪个部分比较有趣？”或者问“今大的研讨内容中，跟您的工作最接近的部分是哪些啊”，那么对方可能回答“后半部分的×××有很多不错的想法，挺吸引我的，感觉不错。”就这样，你就从对方的话中获得了新的信息。

达到目的的提问案例

× 立刻终止谈话的提问模式

销售 “贵公司有兴趣更新这个系统吗？”

客户 “不，没兴趣”。

谈话终止

○ 达到目的的提问模式

销售 “贵公司的系统已经很旧了，在未来3年如果继续使用的话，可能成本会比较大。你们的销售团队没有提过这个问题吗？”

客户 （这里会令对方觉得他们的销售团队没能力，有点不好）“啊，关于这个问题，我们需要考虑考虑”

销售 “那么最大的问题是什么呢？是成本问题吗？还是与其他的系统有合作呢？哪个优先呢？有什么问题吗？”

客户 “嗯，是我们的转移人员不足。”

客户最后不得不说出了关键的问题！（目标就被锁定了）

销售 “我明白了。对于贵公司来说，最好的启动项目就是在最少的成本基础上达到最大的效果的。那么，如果贵公司想找合作伙伴的话，请一定选择我们公司。”

一旦从对方那里获得了信息，那么接下来你也可以进一步提问，再多收集些信息。

提问的时候，尽量多说点内容。

同样的，一边传达自己的信息一边提问的方法效果也是非常好的。

例如，在向A公司推荐引入某个软件的时候，如果这样问“这个软件，同行业的B公司和C公司已经使用了，请问A公司有兴趣吗？”

那么，对方就可能回答“不，没有兴趣。”或者对方觉得这样直接说太尴尬，可能会搪塞地说“也想用用看看，但是我有点事情要忙，抱歉”，就推掉了这个事情。

如果是这样的话，就没戏了。只要往前迈一步，可能就成功了。

05 事先准备好“决定性台词”

■整理好自己的讲话逻辑和措辞

大家有没有什么常常不自觉讲出来的口头语或者常用表达呢？

口头语就是“那个”“那么”“哎”“恩”这类的词语，而常用表达就是“首先”“基本上”“总之”“相反地”“顺便说一下”之类的词语。

我就常常会讲“那个”和“顺便说一下”这样的词语。

这样的词语也不是完全不能讲，如果这样可以提高自己讲话的注意力，也不妨使用。

但是，当你使用这样的词语的时候，正是反映了你自己没有集中精力。表明你的头脑可能有点乱，或者有些不好的情况发生了。

所以，你要告诉自己“我必须集中精力”。

要想知道自己的口头语以及常用表达有哪些，你可以把自己的讲话录音，马上就能知道。这在后面叙述的推介演说技巧中非常重要，所以最好用视频机器录下来。可能有些人会不喜欢这种做法，但是不录下来研究的话，就很难得到提高。

虽然刚才我说“有点口头语也没关系”，但是如果口头语过多的话，听的一方就会注意到。那么他有可能就不会注意你讲的内容了，这样就比较麻烦了。

我曾经遇到过一个“哎大叔”，给我的印象很深刻。

我曾经参加了一个滑雪联盟学习班。当时，有个大叔站在台上讲话，他基本上5秒就会说一个“哎”。比如说“哎就是这个情况，哎今天这些资料”。虽然我已经不记得这个人曾经说过什么内容了，但却一直记得他5秒就会说一个“哎”这件事。

如果不想被人称作“哎大叔”，那就要注意自己言语表达的变化性。多用不同的语言表达同一个意思，尽量不要反复地说同样的话。

相反的，如果有像“就这个！”这样的自己想说的词语，可以把它当作“决定性台词”来使用。这就成了自己专属的台词。像软银集团的孙正义就常常说“来做吧”，灵活地使用这样的词语，也是一个很好的方法。

■尽量避免缺乏具体性的言语，要清楚地表达事实与感想

如果过多地使用像“好厉害”“总是”“很多”“大家”这样的词语的话，可能会被人认为是“表达不具体的人”“缺乏信赖感”。

所以，在讲话的时候，能够数字化的尽量数字化，能

够举例的尽量举例说明。这些是需要事先准备的。

第二章的邮件书写方法中我曾提过，要将事实和猜想或者预想分开来叙说（请参考第75页）

例如，日语中常常会使用“是……”“我认为是……”“我觉得应该是……”的表达形式，根据句子的尾部语法，自然就可以分清是事实还是猜想了。

一定要清楚地向对方表达意思。

06 避免使用“否定语”，可以反问

■粗心大意的话是致命伤

即使是“正确的事情”，也不能毫无顾忌什么都讲。

自己虽然讲的都是正确的事情，但你不能保证对方是否能够接受。

例如，你对客户A说：“这个项目可行性不高，恐怕很难成功吧。”

但是，实际上A正好是这个项目的发起人。A心里一定会觉得不舒服。

也就是说，你完全不清楚对方的背景，“粗心大意”地随便一说，很容易造成麻烦。因此，即使你自己觉得理所当然，也要先问问对方，摸摸底。

即使是显而易见的事实，每个人的感受也不一样。

例如，刚才的例子，如果这样来问的话怎么样呢？

“你们已经考虑一年了，觉得这个项目的可行性怎么样呢？”

那么，A自己心里也会觉得这个项目有点勉强，他可能会说“怎么办呢，那就先不实行这个项目了吧，我们再谈谈这次的事情吧。”

在电车里，踩别人脚的人一般不会记得，但是被踩脚的人一般都记得。同样的道理，“粗心大意”的话会永远留在对方的心里。

所以，“粗心大意”的话是致命伤，一定要牢记。

■为了体谅对方的心情，“请避免使用否定语”

我上大学的4年间，曾经在迪士尼打过工。

当时迪士尼的待客手册就规定了“不可以使用否定语，一定要向客人解释”。下面，连一个具体的例子也没有。

其实使用“我办不到”“我不知道”“请放弃”等话语是很简单的。完全不用思考。但是，一旦你说出了否定的话语，也就标志着你的对应结束了。

不使用否定语——其实这真的很难。

既然手册里没有标明，那就只能自己拼命地想办法了。

“我办不到”

↓

“想要这个的客人”

“我不知道”

↓

“好的，我马上去问问看，请稍等”

拼命地想怎么样才能不说“否定语”，尽量站在客人的角度想问题，自然而然就知道怎么做了。所以，必须事先想好替代否定语的话。

这样做虽然增加了自己的工作量，但也极大地满足了客人的要求。

在生意场上，如果能够注意不使用“否定语”的话，也可以增加自己的实力。

例如，当对方这样拜托你的时候。

“突然提出很抱歉，我想×号去拜访A公司进行商谈，你能陪我一起去吗？可以进行解说吗？”

如果你那一天已经有约了重要的客户，不能更改计划的话，你也是可以拒绝的。

但是，因为不好使用“否定语”，所以不能说“那天不行，没空”。

你可以这样反问：“那天我已经约了人，我安排别人给你去，可以吗？这个解说需要什么样的人合适呢？”

那么，对方就不会在意你拒绝了他，反倒觉得“这个人挺为我着想的”，还给我想了替代方案。

“拒绝”这个否定的行为，根据你使用的方法，也是可以变成肯定的行为的。

■尽量用肯定语言迂回进攻

当你想阻止某件事的时候，如果你直截了当地说就会破坏原本和谐的关系。

例如，“你不适合这个发型，还是不要弄比较好”。

被说的人虽然也会觉得“可能吧”，但是还是不会听从你的。

如果“否定的事情”充斥了整个大脑的话，也就听不

进去别的话了

例如，刚才的例子，如果你这样委婉地说“虽然我也挺喜欢这个发型的，但是不再看看别的了吗”或者“这个发型的口碑怎么样？”的话，对方就会感觉到不适合自己了。

总之，用否定语就不能控制住对方了。

当你否定下属的推介书的时候，不要直接说“这个推介书不行，重做！”，试试这样说“我看过了。那么，在重新换个角度，再做一份给我看看吧。”这样，你就能让对方跟着你的意思来走了。

不使用否定语，乍一看好像舍近求远，但是结果却是能让自己和对方都愉悦，都能够得到好处。

| 第五章 |

可以顺利地向外国人或者小孩子等任何人进行推介的技巧

01 切忌依靠讲话技巧或者手势动作来进行掩饰

■不要过分依赖于辅助的技巧

发表演说的成功与否并不取决于讲话技巧、动作、手势以及服装等表面的东西。

你要记住，这些不过是“辅助的技巧”而已。

拼命地学习讲话技巧，不断地听播音员讲授讲话技巧的讲座，这样做可能你的讲话技巧会提高，但是这并不代表你的推介演说水平可以一下子就进步了。这只会让你表面看起来还不错而已。

可能有人会说："这个推介演说者声音真好听啊！""这个推介演说者真帅啊！"

但是，得到这样的夸奖，是没有任何意义的。推介演说的真正目的并不在这里。

仅仅外表看起来不错的推介演说，就如同这样的"美食"，什么样的美食呢？就是摆盘样式和餐具的选择都很棒，但是却忽略了重要的营养元素以及味道，更不用说有益身体以及一饱口福方面了，完全没有达到美食的真正目的。

当然，摆盘样式漂亮是很好，但是如果不精进做菜的本事，那就本末倒置了。

■不要什么都讲，没有针对性

有些人认为推介演说的时候，就应该将自己所知道的所有知识全部讲出来，我告诉你，这是大错特错的。

这种类型的人在推介演说时会使用超多的幻灯片，文字配置得也多。他认为“信息提供得越多，越是为对方着想”。

特别是现在，IT产业的工程师有越来越多的机会对产品或者系统进行推介演说，大多数的推介演说听起来就像是这个系统的说明手册似的，枯燥无味。

其实，来听你推介的人并不是来学习系统的详细使用方法的。基本都是来考察该系统是否有引入的必要，是想了解如果引入了这个系统对自己公司会有什么样的变化。

一旦你一股脑将“这个那个”的“全部内容”讲给他们听的话，他们就会很糊涂。

02 推介的内容容易理解吗?

■要突出你所推介的内容

来听你推介的人，一定带着某些期许。

例如，可能是“想更深地了解一下A产品”，或者可能是“想对B项目进行投资”。

但是，有些时候他们在听完推介后，却没有如愿实现自己的期许。也就是说，这个推介会完全走错了方向。并没有提供给对方想要的信息。

一旦推介完全按照自己的意思，未考虑对方需求的话，就一定是错误的。

例如，无论你怎么耐心地讲“这个项目有多么的好，如果不投资的话就会损失”之类的话，也都是过于主观的讲法，如果不能引起对方的共鸣，可能就不会吸引对方来投资。

或者，对方也有可能会抱着一种怀疑的态度反问“真是这样吗？你自己也投资吗？”

一旦对方对“这个项目的好”不产生共鸣，那么这个推介也就失败了。

如果想避免这样的错误，最好的方法就是自我检讨。

如果，在推介中，你必须赞扬“这个项目很好”的话，你可以从下面几个方面入手：

“自己为什么觉得这个项目好？”

“自己对这个项目有什么想法？”

“自己对这个项目能做什么？”

“自己通过这个项目，能向客户提供什么？”

从这些最根本的问题入手，彻底地反复思考这个项目的各种问题。

这样，不断地询问不断地分析，从各个角度来理解，那么你再向客户传达的时候，就已经掌握了这个项目的真正价值。

虽然同样是说“这个项目很好”，但是这次再说的时候，你已经有了侧重点，说服力已经提高了很多。

自己已经对其价值有了很深的了解，所以在推介的时候，就拥有了自信。

所以，仔细地推敲推介内容并增加自己的理解度以及经验值等是非常必要的。

■要设身处地地换位思考

为了能够客观地进行自我检讨，就要有效利用“第三方视点”。

所谓的第三方视点，我在第一章里面有介绍过，就是头脑中随便设置的第三者的视点。从第三方的视点来看自己的定义，会是什么样的看法呢。

如果对方是自己小时候的老师，他会觉得这个项目怎么样呢？

如果对方是自己的父母，他们会觉得怎么样呢？

如果对方是自己的同学，他会觉得怎么样呢？

如果对方是对手公司的部长，他会觉得怎么样呢？

不断地变换各种第三者的视点，寻找真正的方法来传达你的内容。

03 要坚持一种精髓就是“为对方的将来考虑”

■这是否是完全为对方考虑周到的信息?

推介的“精髓”是什么?

不单单是标题，更不可能是幻灯片的题目。

“推介结束后，还能深深地吸引着对方，在很长的一段时间内，让对方忘不掉。”这就是推介的“精髓”。

推介最重要的就是能够紧紧抓住在场人的心理，传达自己的内容。但是，更优秀的推介，是能让人听后自发地向别人再去转述这些内容。

而且，在向别人转述的时候，会说“看，就是这个”，原原本本地转述出来。

例如，在美国历史上有一位推动废除种族歧视的牧师，他叫马丁·路德·金。他曾发表过一场非常著名的演讲，其中有一句话是“我有一个梦想”。

他发表过这场演讲后，很多民众的积极性被调动起来，为美国的种族歧视废止运动掀起了极大的浪潮。

当时那个时代，媒体还不发达，很多人听完现场的演讲后很受感动和鼓舞，就向其他人去宣传，然后听到的人再向其他人去宣传。于是，这场废止运动盛况空前。

他的演讲内容如此被人们大肆传颂，正是紧紧地抓住了“精髓”的结果。这场演讲的题目本身，在当时是非常难实现的“种族歧视废止”。

但是，如此高深的理想，却使用了连小孩子都可以轻松记住的简洁表达“我有一个梦想”，于是如此贴切的主题，经过很多人的口口相传，在整个社会形成了巨大的波浪。

很好地将内容传达给听众，再通过听众的口传达给更多的人，这就是抓住了“精髓”的结果。

■要让对方了解“使用后有何改变”

例如，我曾经对微软公司的一个叫做“SharePoint（分享点）”的信息共享系统的构建产品进行过推介。

当时我说：“所有的管理画面都不用在浏览器上安装设定用应用”“文件程序库与各种办公产品的功能相匹配”“各项的访问权限都可以利用Active Directory的安保组非常细致地进行设定”“检索引擎可以从已有的文件服务器到局域网、LOB类应用中横向检索”。

对SharePoint不了解的人，听了我这样的讲解后，能够向他们公司的上司或者同事准确地传达内容吗？

虽然只有4句话，却很难记得住。

即便有人记住了，讲出来也无非就是“这个产品啊，跟其他的也差不了多少”之类的。

那么如果说“SharePoint可以从根本上改善大家的工作方法”，会产生什么效果呢？

这样，就能够简单地记住了吧。

进而也可以说：“随时随地都可以访问”“随时随地都能够获取信息”“随时随地都好用”。

基本上，这就很容易记住了吧。

当然，也不是一定要一字一句的全记住，只要记住“随时随地都可以获取信息，大家都很爱用”就可以了。

也就是说，这就抓住了“精髓”。

功能说明并不是要说出重要的事情。

最重要的是抓住“精髓”，就是要传达给对方“如果使用了这个，会变得如何幸福”就够了。

■摸清对方的真正想法

前几天，我给大学生上了一堂讲义课。

在疑难解答环节，有人问我："怎样才能讲好英语呢？"，我回答他："英语虽然不是我的母语，但我可以用英语进行交流，我认为只要大胆地讲就可以了。"

听了我的回答后，他们似乎没太理解。

于是，我就以"大胆开口讲英语"为题目，进行了一个2分钟左右的简短说明。

"不要以为非得像本地人那样卷着舌头讲英语才行。其实美国人并不在意这些。日本人的英语发音虽然生硬，但是听起来却很性感，大家都爱听。所以，放心大胆地讲就可以了。"

听完这几句话，学生们的热情一下子起来了。

他们都觉得可以试着讲讲英语了，这样我的讲义目的也就达到了。

这个讲义的“精髓”就是突出了“日式英语很受欢迎”，替换了直接说“不要害怕，大胆地讲出你的英语”这句话。

从“第三者的角度”看来，说“日式英语很受欢迎”，连小学生都能明白，就更不用说大学生了。

那么，“大学生最在意的究竟是什么呢”，原来“是否受欢迎”成了他们最在意的要素。

通过这个例子，我们可以看出，最有效果的推介就是要贴近听者的真正想法。

推介后被记住的部分就是“精髓”

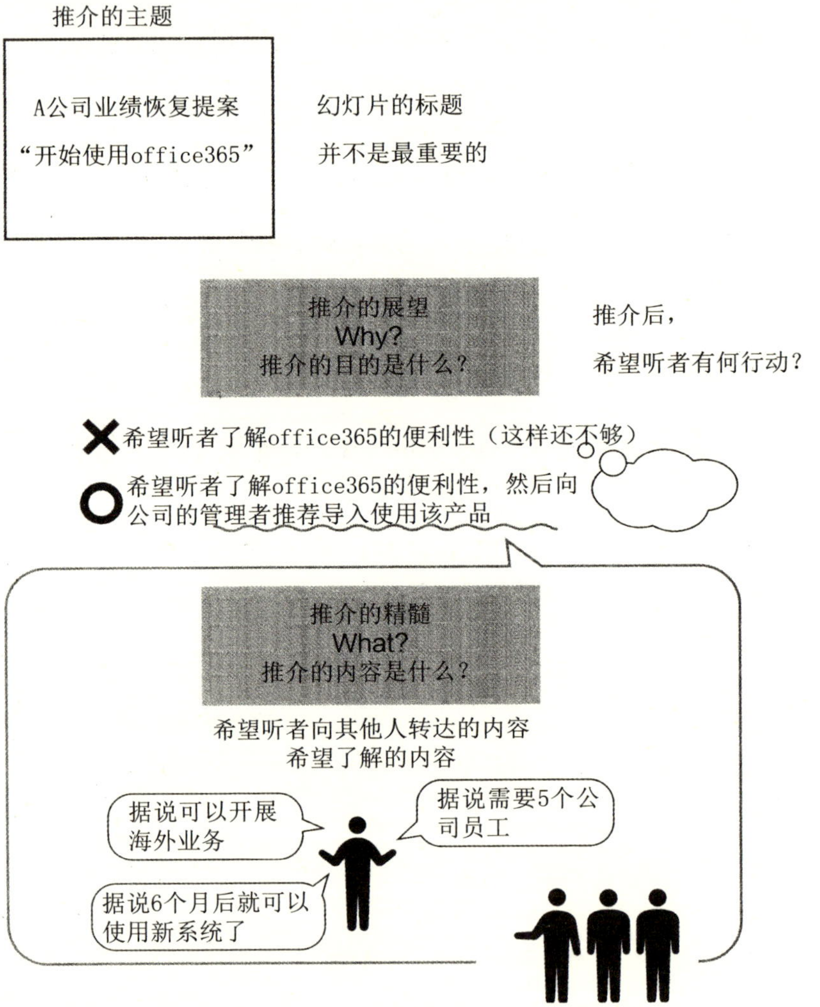

因此，如果该推介是以公司的总经理等为对象面向董事的话，“创造世界一流企业体制”这个精髓内容，与其正儿八经地表达，不如切合经营者的本来目的，效果会更好。

■向听者描述一个幸福未来的画面

在思考怎样抓住推介内容的精髓的时候，可以试试展望“美好的未来”或者“幸福的场景”。对于听者来说，他们更喜欢听到“你可以从中获得收益”这样的话。

这个可以说是所有推介的共通项。

刚才我在介绍大胆讲英语的时候，曾经提到“日式英语很受欢迎”，那么就是描述了一个受欢迎的美好未来的样子。

例如，当一个推销员向客户推荐一款产品的时候，他可以说“使用这款产品的话会很方便”或者“利用这个功能可以提高业绩”。

然而，在推介的时候，有时我们也会传达一些消极的信息。

例如，引起公司的个人信息外泄，对此进行致歉并告知解决对策的时候。或者比较保守的客户的系统出现故障，向客户讲解后面对策的时候。

即使是这样苛刻情况下，也可以展望幸福的场景吗？

答案是肯定的。

请看看下面这两个推介案例。

“推介案例①”

这个软件出了故障。

已经安排了修理的工程师，正在进行修理。

“推介案例②”

这个软件的故障已经确认清楚，修理方法已经找到。

已经安排了工程师进行修理，进展得很顺利。

这两个案例，虽然说的话是一样的，但感觉是完全不同的。

①中的“精髓”就是“描述了出现故障的事实”，听起来很消极。而且，后面也仅仅是说明了“目前正在修理中”这个现状而已。

②中的“精髓”却是表达了“修理很顺利”这个内容，听起来让人很放心。

那么，如果是你的话，你会选择哪种方式向其他人表达这个情况呢？

如果你选①的话，就等于说“这个软件出现故障了”。

如果你选②的话，就等于说“工程师正在修理故障中”。

大概就是这样吧。两者之间的差异，一目了然吧。

在推介中，虽然表达同一个事实，但是根据你表达的精髓内容而得到的信息是不一样的。

04 穿插比喻

■采用比喻方式，避免思考的停顿

正在听推介的人，如果在这个过程中，听到一个没有意义的话，就有可能会走神。

“如果使用栅极桥2.0构建的话，就可以引起商务上的革新。”

“恩，栅极桥是什么？”

“即便问了，也还是不明白，没用的。”

确实有人会像这样对中间的不清楚部分进行提问。

这种时候，对不清楚的地方进行提问是很好的，但是也有人根本就不问稀里糊涂地就过去了。

于是，最后就会出现认识上的偏差，也就不可能将原本的内容准确地传达出去了。

如果对方是客户的话，那么商谈也就不能顺利地进行下去了。

这样的情形是很麻烦的。

为了避开这些风险，推介者非得想尽办法来对付不可。

这种时候，我建议可以用比喻的方式将难理解的内容换个说法表达。

一旦比喻表达能够贴切场合，那么交流技巧就提高了。这在推介以外的各种场合都很适用。

下面这个问题，是我在对新进入IT企业工作的员工进行培训的时候常常提到的一个问题。请你们也思考一下。

“问题”

请对完全不懂IT的人解释一下电脑的CPU、存储器以及硬盘的作用。

“答案例文”

CPU就像“砧板”。我们可以在砧板上切东西，清理掉不要的部分。而我们使用CPU可以进行计算处理。CPU的特征就是它上面没办法保留数据。就像砧板上面也不可以长时间的放置食材一样。CPU和砧板的作用都是可以处理东西。砧板越大，就可以一次性切更多的东西，同样，CPU越大，处理的数据就越大。

存储器就像“锅”。锅可以煮菜，切好的菜可以直接放入锅中。存储器可以进行计算，还可以保存数据，但它如果不连接电的话就没有办法使用了，也就不能保存资料了。就像锅也是要用火加热的，不然也是使用不了的。一直放着的话，锅里的食物也会坏掉，所以不能用于保存食物。锅越大，做菜的量就越大。存储器也一样，容量越大的话，应用也就越多。

硬盘就像“冰箱”。冰箱越大，里面的存储空间就越大，但是不能在里面煮菜。硬盘可以存储资料，其容量越大，那么存储的数据就越多。但是，它不可以处理资料。

就像这样，用日本人都知道的“厨房物品”来进行比喻，即使完全不懂IT的人，也可以很容易就理解了。

一旦对方明白了，就可能会这样思考“你们公司应该还有很多可以放入冰箱的东西，所以买大一点的冰箱会比较好。”

如果你认真地解释说：“CPU就是中央计算装置的简称，根据项目来处理数据的。”那么，对方有可能会听不进去。

另外，比喻一定要准确，要容易让对方理解。

如果你自己还不是很明白，就乱用比喻的话，很可能会将对方带入迷宫，产生反效果，所以一定要谨慎。

■加深理解

对于对方来说，未知的东西，或者是初次遇见的东西，如果能够用一种共通的语言表达的话，会比较容易被理解。

例如，刚刚那个典型的IT用语例子（例子：“存储器”→“锅”）

所以，尽量不要使用很难的专业词语，在推介的时候，多找些与主题相关的话题。

使用比喻的方式，增加使用的语言，会非常方便的。也可以同时使用专业用语和比喻方式。

■加深印象

采用比喻的方式进行说明的话，会给人留下很深的印象。

例如，在推介会上听到的产品介绍总是会忘记。但是，如果仔细回想那个印象深刻的比喻的话，就可以想起来了。

有的人不太擅长记住别人的脸，常常说："那个人的脸长什么样子来着。"

曾有人想不起我的脸，认真地回想"小泽"长什么样子，但如果想起我是"基督教风的小泽"的话，马上就想起来"我就是那个留着长长头发的人。"

■营造愉快的氛围

即使是不知道那个用语（概念）的人，通过比喻的方式，也可以参加到谈话中来，活跃了气氛，营造了很好的效果。

例如，刚刚介绍的存储卡的比喻中，就使用了"锅"来表达，说："锅越大，一次性煮的食物就越多，越方便，那么大锅更好用吧？”，在没有使用专业词语的情况下就可以轻松地提问，听到一方也可以积极地参与。

通过比喻的方式营造了很好的气氛，自然推介的整体效果也会更好。

在技术方面差别不大的竞争中，往往是“哪个推介更有趣”占了上风，被选择的机会也更大些。

例如，一句简单的“我现在好紧张”，或者“我现在紧张得都快哭出来了”，就会一下子打破僵局。虽然不至于让听者大笑，但至少也会缓和一些气氛。

在进行推介的时候，跑题的比喻虽然很麻烦，但是若能产生很好的效果，也不妨使用，可以搞活现场气氛。

■换位思考

我们在用比喻的方式让对方“恍然大悟”的时候，也是有窍门的。

我就总爱“将一段话中关键的部分抽出来，然后换上其他的语言，表达成一个故事”，就形成了比喻。

因为，仅仅依靠想象力，就会形成偏见的比喻，很难理解，甚至有时还会使对方糊涂。

而且，与其在这个阶段思考比喻，不如一边查看整体的内容，一边思考，会比较简单。

STEP①

从内容中提取出“强调的词语”和“表示功能和动作的词语”。

（例子）强调的词语：“重要的”“优秀的”“大的”“厉害的”“很多”

表示功能和动作的词语：“检索”“开发”

如果，内容中没有“强调的语言”，就去寻找可以添加补充内容的地方，然后自己加进去。例如，如果内容中有“这给世界经济带来了糟糕的影响”这样的句子，你可以添加“很”在“糟糕”的前面，进行强调。

STEP②

将“表示功能和动作的词语”换成平常的说法。

（例子）“检索”→“寻找”

“开发”→“做”

“表示功能和动作的词语”有时很生硬，难理解，可以将它们换成好理解的表达。

STEP③

通过“强调的词语”联想日常的行为。

（例子）“重要的内容”+“寻找”→“寻找家里的钥匙”

“使用优秀的工具”+“做” →“使用好刀来做菜”

通过STEP①中提取出来的“强调的词语”和STEP②中

替换的“表示功能和动作的词语”，很容易联想到日常生活中的行为。

以上述例子来说，“拼命寻找的东西到底是什么？”“常用的工具，都有什么差别？”不限一个，试着多联想一些。

如果习惯了，那么说话的时候，就可以很快地联想出来。

我常常被别人问：“你的用语很厉害”“你有记录这些讲话的噱头吗？”，其实，我就是很快地在头脑中想起这两个要素，在现场就可以联想出很多比喻。并没有记录什么噱头的。

你们要好好地适应一下。每天我们都会读到很多的内容，你可以试着锻炼从这些内容中迅速寻找要素，慢慢就可以了。

在准备推介内容的时候，时间一定要充裕。一定要在各个阶段，添加些很有说服力的比喻。

比喻的选择方法（具体案例）

原文

在制造业，产品生产线是非常重要的，所以，绝对不能随便停止。

STEP 1 提取出来的“强调的词语”和 “表示功能和动作的词语”

非常　重要　所以　绝对不能随便停止

STEP 2 将“表示功能和动作的词语”变成平常的表达

绝对不能随便停止→不允许停止

STEP 3 通过“强调的词语”联想日常的行为

非常重要+绝对+不允许停止
→心脏、水流、水道、电、煤气

那么，这次我们就使用“心脏”来组织个故事！

使用比喻的内容

心脏如果不能持续地供应血液的话人就会死掉。在制造业中，产品的生产线就像非常重要的血管，支撑其的动力部分就是心脏。

我们的心脏是非常重要的，绝对不能停止。即使停止了，心脏也具有几次重新跳动的恢复力。

生产线不能停＜心脏不能停。即使停了一会也要立刻恢复工作

永不停止的心脏，好了不起！

使用“心脏”来比喻，效果比较强烈！

05 始终保持一种推介演说模式

■将自己从头到脚完整的录下来

我认为，如果确定了推介内容的“精髓”，那么这个推介就已经成功了7成。

但是，不管你送多么好的商品，如果配送人的运输技术有限的话，总会发生像迷路啊，熄火啊，费时间等状况，总是赶不上趟。虽然不必成为非常优秀的配送人，但最起码也要是个能工作的配送人。

接下来，我教大家几个可以简单练习，并且很容易出效果的好方法。

首先必须做的就是要确认清楚自己推介时的样子。可以试试用视频机录下来，然后自己确认视频内容。现在，智能手机就可以很好地录制视频，操作也比较简单。

我敢断言，第一次看见自己的视频时大都会深深地震撼。

我觉得正视自己是非常不容易的。

虽然，我们在照片里也常常看见自己的站姿，但是，基本都没怎么看过自己的视频。即使有过这样的机会，也都是运动或者跳舞的镜头，办公的场景基本没有。

因为我有把自己的推介视频上传到视频网站上，所以有很多机会客观的观察自己的姿态。于是，我发现了很多问题，然后就会在接下来的推介中加以改正，长此以往，真的改了不少。

实际上，大约4年前我曾看过一次自己的视频，里面的自己一边讲话一边左右的摇头。当时的我头摇得真的很厉害，现在，我已经完全改正这个毛病了。

在拍摄视频的时候，尽量将头到脚的全部身体放进去，连脚的动作最好都录进去。

开始自我确认的人，最好仔细看看“有没有一些无意识的动作”，从前到后自己看一遍。

于是，你就会发现“手总是不安分，无意义地摆动，很浮躁的样子”，或者“总是用手去摆弄头发”，或者“来回地走动”等，各种各样的状态。

在人前讲话时的一些动作，通常来说都是带有某种意义的动作。

例如，在将手伸向听众的时候，就是要“强调某个词语”“要引起对方的注意”“想向对方传达某些内容”“特别指出”，肯定是带有某种意义在里面的。

如果一边快走一边讲话的话，就是要提醒对方“大家必须快点思考”，如果是慢慢地走着讲话的话，就是表示“好，我们走吧”，可能是在竭力地制造一种平稳的气氛。

而且，表情也是很重要的。在推介中，笑容是最有效果的武器。

首先，你必须认真地确认自己的笑容。嘴角确定有上扬吗？不会像冷酷的狙击手那样“眼睛不会笑”吧？

人只有通过笑，才能在头脑中形成一种积极的状态。从某种意义上来说，人脑很会被自己的笑容“欺骗”。

正因为如此，才需要不断地练习笑容。只有笑容到位了，推介的效果才能显现出来。

每天可以照镜子练习，并且通过拍摄的视频检验成果。

而且，在观察拍摄的视频的时候，也可以拜托其他人看看，并发表一些他们的看法，这样也会有很大的效果。

你可以将拍摄的视频上传到YouTube等视频网站，并限定共享者，这样你的朋友、家人以及学校的老师等就可以看了。不用特意跑去给别人看，其实使用IT工具也是很简单的。

■脑海里反复思索这个推介演说

每天，如果有空闲时间，就专心地想一想推介的相关事情。

比如说坐车时，吃饭时，或者等待时，洗澡时。一点点的时间就可以。

思考的内容，像是“什么话题可以打破僵局呢？”“在这个地方插入这样的话合适吗？”

另外，也可以试着想象一下自己的站姿，以及跟客户交谈时的情景。

利用简短的时间就可以做这样的事情，在脑海中，不断地想象这个场景。

于是，就在头脑中想象“这个概念怎么讲会比较容易理解呢？”一边思考词语的变化，一边就会想出好主意来了。

虽然感觉“就像是心情的彩排”，但是利用间隙时间，真的感觉很轻松，没压力。

另外，随时随地有保持着推介的心情，“推介成功的想法”已经根植于心中。那么，稍微一点点暗示，就可以克服现场的小小失败，达到很好的效果。

■一定要端正站姿

虽然，这只是次要的技巧，但却可以让你的站姿和坐姿都很优美。

所以，一定要加以注意并不断练习。

刚才提到的视频要常看，另外，在平时的生活中，乘电车的时候也可以看看映在玻璃窗上或者映在大窗户上的自己的样子。如果感觉到“邋遢”的话，就马上调整一下。

如果你想训练端正姿态，不妨试试“DOROIN”这种方法。

DOROIN就是锻炼肚子的最深层横线的一种训练方式。具体来说，就是“将肚子瘪下去”“将内脏藏于肋骨内侧”的一种运动方式。

我们倒不需要严格地按照它的规则，只有稍稍注意一下肚子部分，就可以拉伸后背，这样的话，无论站姿还是坐姿就都很优美。

这样做，声音也会容易发出。

很自然的挺胸抬头，看起来也会挺拔一些。

■学习超市店员的礼貌用语

这是一种店员的讲话方式的训练方法。

但是，绝不是要你去打工。当你去便利店或者超市买东西的时候，跟店员的交谈就会使用比较客气的措辞。

例如，“早上好”“谢谢”“你需要一双筷子吗？”等等，都是平常会用到的一些话。并不需要特意地去讲一些其他客气的话。

我觉得这样做真的对推介很有帮助。

你平时可以试着看着初次见面的人的眼睛，一边说“谢谢”，一边笑一笑，在进行推介的时候，这样的客气语最容易打动对方。

不用特意地使用一些不常用的词语，你平常使用的词语就可以。

如果对方是个冷淡的店员，那就太好了。从这样的人这里都可以得到积极地反馈的话，你就成功了。

在实际的推介会上，肯定会有一些难伺候、冷脸的人。当你看到这样的人的时候，不用做别的，只要客客气气地对应就可以了。

■与一起乘电车的人进行视线交流

“羞于环视四周的人”“不敢看听众的眼睛”“目光

散漫，不被别人信任”“一看到别人的眼睛就会害怕”

有很多人有这样的苦恼。

如果你羞于看别人的眼睛，不愿意与别人对视的话，你可以试试在电车里做下面这个游戏。

这个游戏就是，当你乘电车的时候，你可以朝坐在对面的人看看，要一个挨一个地看，每个人看个几秒钟。

规则只有一个，就是不要对视。要迅速地扫视一下对面的人。

一个推介者，如果在推介的时候，不看听众的脸自讲自话的话，就会很奇怪。如果你总是低着头，别人就会觉得你没有自信，如果你目光散漫，别人就会觉得你这个人不可靠。

在进行推介的时候，要看着听众的脸，看着在场的人，这样就没有违和感了。

但是，实际上，目光有没有交集无所谓。

例如，推介者并没有与A的视线相交，但是B看来却是相交的。

如果你觉得跟对方视线相交不舒服，也可以看着没看你的人。

在进行推介的时候，不是一定要看向所有的听众。可以短暂地扫视一下大家，不必一直看着某个人。

这样做的话，是不是会轻松些？

06 指引推介演说成功的四个关键

是不是跃跃欲试地想发表一场推介啦？

最后，再告诉你们几个推介的关键。

■利用冷场的自我介绍测量距离感

在冷场的时候，想缓和气氛，拉近与对方的距离，你可以试试自我介绍。

我一般在推介开始前，都会这样介绍自己。

“我叫泽圆。常常有人问我跟‘泽穗希’有什么关系，但其实我们还真不熟。圆是我的名，我发邮件的时候常常用Madoka Sawa这样的名字，期待我来的人总希望我是女性，可惜来到的总是男性。最近，连背影都像女性了，估计唯一证明我性别的就只有DNA了。”

讲了1分钟左右傻兮兮的话，对方觉得很有趣，于是就会专注地听我讲下面的内容了。

也有人认为缓和冷场一定要让对方笑。但是，其实没有那个必要，拼命地制造一些噱头，其实风险也挺高的。

推介开始的冷场，正好可以测出你与听众的距离。

如果你自己感觉有趣，那么“好吧，可以开始进行推介了”，如果你自己觉得不太好，那么“今天就多用些柔软的话语，多讲些自己的事情”。

这样，就确定了今天推介的风格。

■准确定位台上的位置

在推介中，移动是必要的，但移动太多也会造成反效果。

我一旦确定了台上的固定位置，不管怎么走都会回到这个位置（站立位置）。

然后，手也基本都是放在“胸前”。

胸前就是手的固定位置。

基本上这就是固定的位置，所有的指示都是从这个位置发出的。

例如微软的CEO萨蒂亚•纳德拉，他就总会把手放在肚子上面（胸前）的位置，基本上很少看见他把手放下来。

现任微软CEO　萨蒂亚•纳德拉的推介会。

他的手一般会放在腹部之上。

他的特点就是连指尖都带着一股紧张感。

虽然有时我们确定了固定位置，但是有时一时兴奋，或者高兴过头就忘了手该放哪里了。

有时会感到很不安，手就会不自觉地好像在找什么似的。

如果感到“啊，今天没放在固定位置。看来我还是不行啊”的话，就静下心来，重新做。

当然，不只是手的位置，还有要注意手指的动作。

手的表情是非常丰富的，可以传达积极向上的感觉，也会传达消极否定的情绪。如果不注意的话，会给听众留下不好的印象。

即使是男性，也要注意保持清洁靓丽。

当然，去指甲沙龙做美甲也是很好的。

在推介时你就是舞台的主角。要像芭蕾舞者那样，连手指尖都要小心对待，要给听推介的人一种优雅和隆重感。

■添加两个暗示

在进行推介之前，可以试试问问自己这样的问题：

“听众是否站在我这一面”

（在听众中，没有人希望推介失败）

“怎样做才能获得成功呢”

（必须成功）

这两个是事实。

如果你是听众，你会一直希望“失败吧，失败吧，再糟糕点吧”吗？不会的，你花了大把的时间来听，不会希望这场推介是失败的。

所以，当你偶然担心失败的时候，要给自己一个暗示，那就是“听众都是站在自己一面的”。

正常地准备，正常地讲就可以获得成功的。

如果积极地思考怎样才能获得成功，也是非常不错的。

如果感到准备得不太充分，那么就将准备得100%推介出来，也是可以获得成功的。

不管怎么样，都是可以获得“大成功”的。

■发言中不要留下遗憾和后悔

在讲一些有冲击的词语时，一定要慎重大胆，在强调的时候，一定不能弄错。

为什么这么说呢？因为一旦你说错了，后面的几年，你可能会一直深受其扰。

有件事情发生在30多年前，那是日本NHK红白歌会的一段最后的演出，至今人们还记得。

当时，人们都很感动，并拍着手附和着。

这个时候，宣布了一个歌手即将退役，结束歌手生涯，并在舞台上宣布了这个歌手的名字，但是竟然弄错了。

因为这个错误引起了骚乱，当时那个支持人也因此完全改变了后面的人生，虽然已经过了四分之一个世纪，可人们的印象还是很深刻。

在推介的最后，基本场面很热烈，也不要弄错对方客户的名字或者产品的名字。

原本是对A公司的推介会，却说“接下来就是B公司的天下了”这样的话，一旦你将竞争对手公司的名字搞混了，听众就会觉得你之前讲的话可信度有限，不再相信你，那么就会成为你终生的遗憾。（虽然只是成为一个笑话，但也需要谨慎对待）

重要的内容一定要慎重，如果可以的话要反复地练习，还要提前确认。

所以，奉劝大家不要留下遗憾，不要轻易失败。

结尾语

今天，大家发了几封邮件？打了几通电话？见了几个人呢？

高兴吗？

痛苦吗？

紧张吗？

顺利吗？

人总是会受其他人的影响。

你给别人留下什么影响了吗？

这个影响，可以超越时间、距离、时代吗？

我希望我写的这本书可以给你们提供一点积极的影响。

在交流中，可以提高你们的能力。

曾经有机会跟足球解说员山本昌邦聊过几句话，他的一句话我至今忘不了，他说：“人啊，不一定会成功，但总会成长”。

在与人的交流中，会成长。

而交流是每天都会发生的。

所以，我们每天都在成长。

不断地超越昨天的自己，不断地迈向未来。

在写这本书的时候，得到了很多朋友的帮助，非常感谢。

特别感谢渡边理香，是她提拔了我，并建议我出书。谢谢您！

另外，还有编辑川田里子，她常常跟我交流，给我的书添加了活力。感谢您给我带来的快乐时光。

还有，感谢媒体帮我宣传，特别是这次帮我出版书籍的推荐人马场美由纪，非常感谢您。

最后，也特别感谢给我多方面帮助的我的妻子奈绪。

此外，还有很多人给予了我多方面的支持，在这里我就不一一列举了，真的非常谢谢你们！

2014年12月　作者